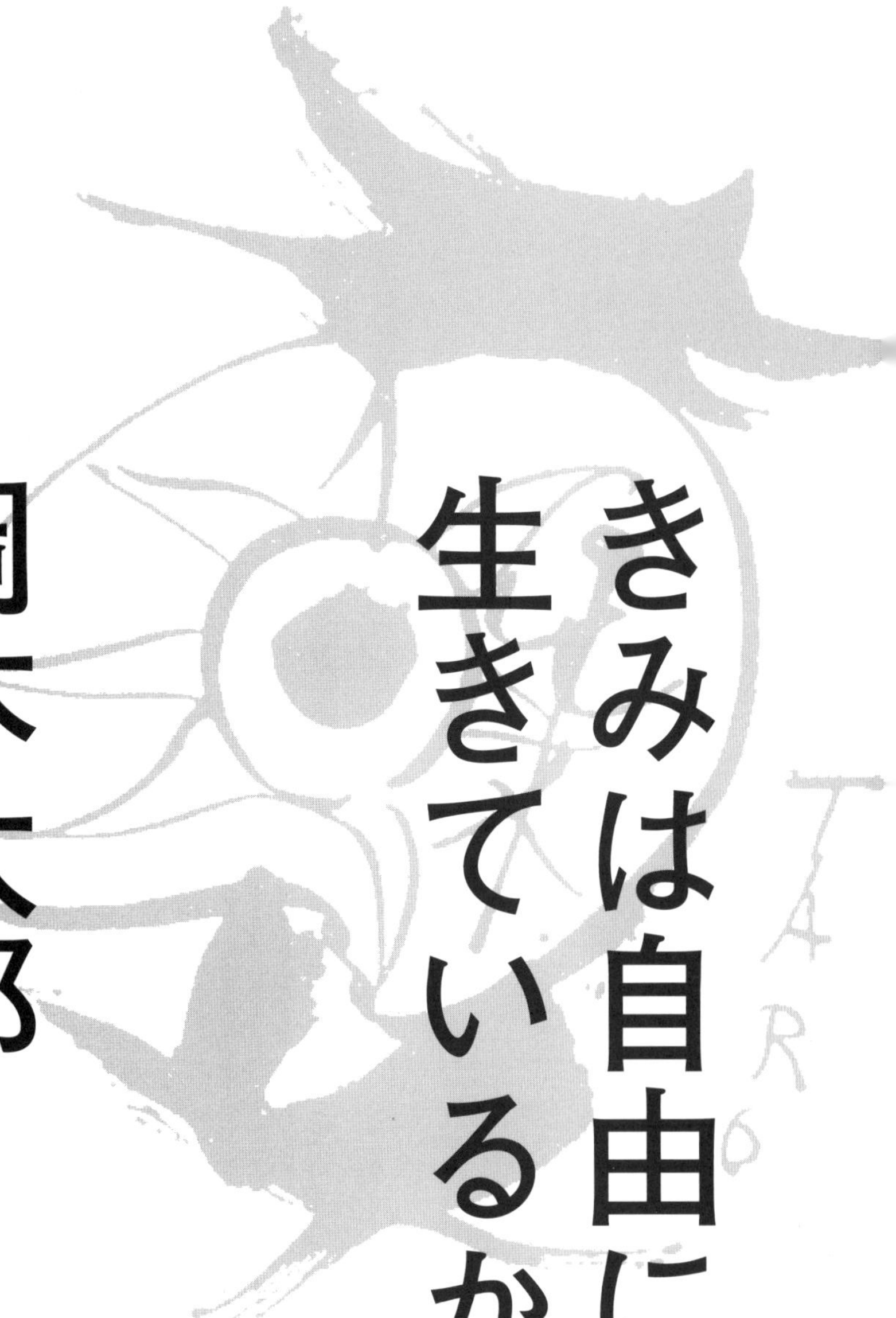

きみは自由に生きているか

岡本太郎

興陽館

他人の眼なんか気にするな。
自分の眼すら気にしないで、
ありのまま自由に生きてみないか。

構成・プロデュース　平野暁臣

第**1**章 自由に生きる。

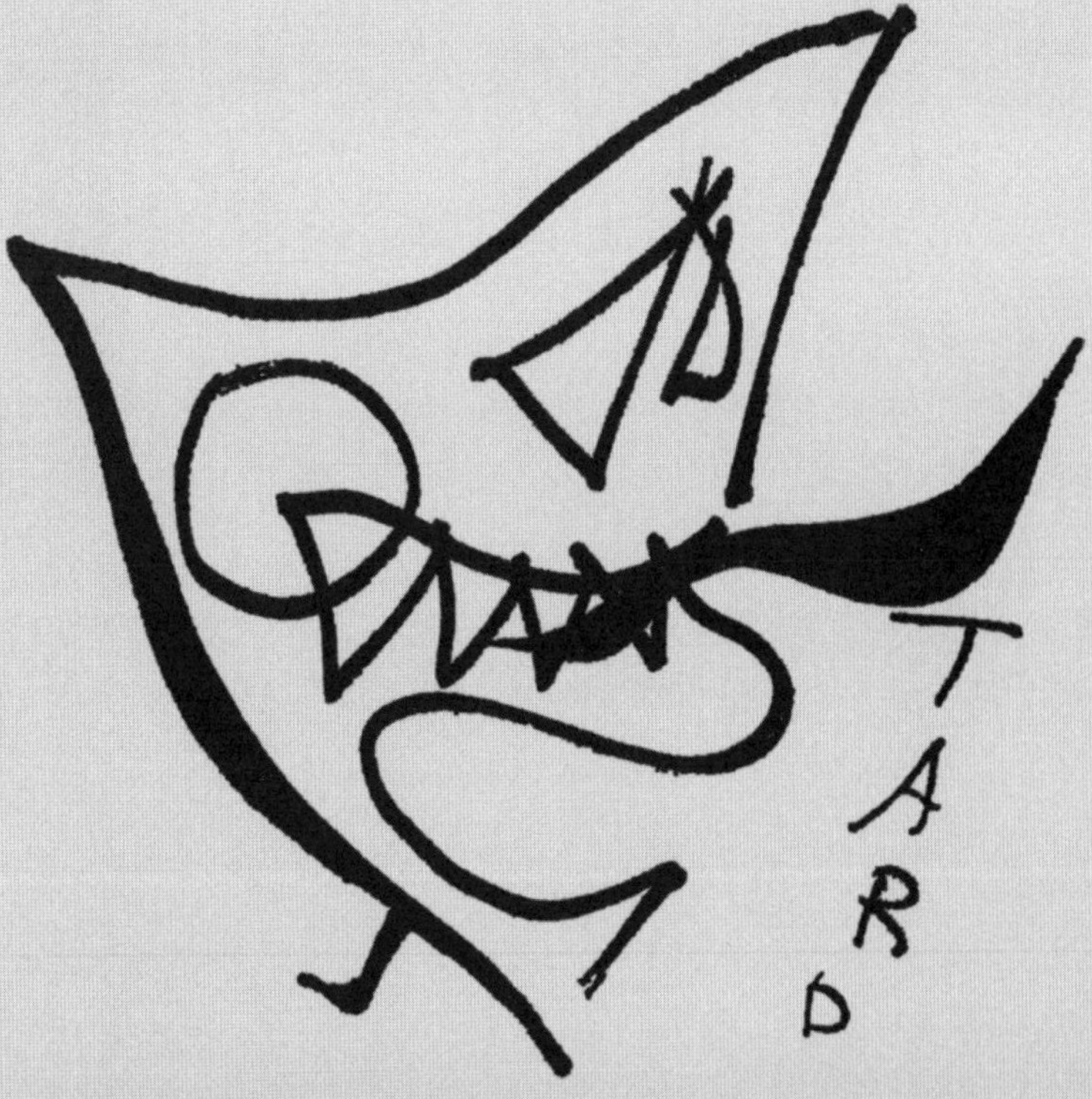

好かれようと思うな。

劣等感なんて、ないよ。
なぜないかって？
コンプレックスが生まれるのは、
他人を意識するからだろ？
人に好かれたい、褒められたい。
ぼくはそんなこと考えてないからね。

他人の眼なんかケトバせ。

ひとの眼を気にするな。
ひとの眼なんかケトバしてやれ。
ひとの眼をケトバすってことは、自分自身をケトバすこと。
ケトバせばケトバすほど、逆に世界が広がってくる。
人生が広がってくる。
ひとに笑われようが、感心されようが、かまわない。
ただ生命力を外に向かってバァっとひらく。
それがほんとうの生きがいだ。

マイナスに賭ければいい。

解決なんて考えなければいいじゃないか。
人生はマイナスに賭けたほうがいいんだから。
それなのに、みんなプラスに賭けたがる。
だからむなしくなるんだよ。
マイナスに賭けて、燃えあがる。
やってごらん。

いまがすべてだ。

「いつか」とか「いずれは」なんて言ってちゃダメだ。
「いつか」なんて、ないんだよ。
いつかあるならいまあるし、いまないものは将来にもない。
だから「いま」に賭けるんだ。
いまこの瞬間を燃えあがって生きる。
そこに情熱を燃やす。

好きなことをつらぬく、それで悩みはスーッと消える。

悩みや苦しみがない人生なんて、ほんとうの人生じゃない。

ほんとうの人生を生きるために、だれもが悩み、だれもが苦しんでいる。

まずはそう思うことが大事だ。

そのうえで、悩みをむしろドラマのように、素晴らしい芸術のように味わう。

悩みをマイナスではなくプラスの面として考えるってことだ。

さらに、悩んだりくよくよ考えたりしているときは、自分がほんとうにやりたい仕事をやる。

ぼくの場合は芸術の仕事をしているから、芸術をやる。

つまり創造する。

決まりきったことではなく、いままでだれもやったことのないことをやる。

それは闘いだ。

芸術をつくる、つまりほんとうに純粋な闘いをしているとき、
悩みとか苦しみはスーッと消えてしまう。
ぼくだけじゃない。みんなおなじだよ。
人生に惰性的にならないで、自分はどうやって生きなきゃいけないのかを考え、
そういう闘いのなかに飛び込めば、悩みなんてスーッと消えてしまうよ。
人生即闘いだ。
闘うことが人生なんだ。
惰性的に生きていると、悩みがだんだん重く、苦しくなってくる。
人生がつまらなくなってくる。
悩むってことを、逆に素晴らしいことだと思えばいい。
悩んだ途端に世界が膨れあがって、
彩《いろど》りがバーッと冴《さ》えてくるような感じだ。

きみはほんとうにやりたいことを、やっているか。

ものを貯め込むとか、
過去にこだわるのは大嫌いだ。
現在に全身をぶつけるんだ。
いま自分がやりたいことをやる。
それが財産だというのなら、
私にとって財産とは皆無であり、
無限にある。

失敗したっていいじゃないか。

失敗したっていいじゃないか。
失敗と成功はひとつの両面で、
失敗がないようなものは成功もしないんだ。
失敗を恐れるだけで、二割方三割方つまらなくなる。
失敗の危機をたえず孕《はら》んでいるようなものをやれば、
たとえそれがまとまっていなくても、大きな魅力になる。

結果を考えるな。好きなことをやればいい。

人間はだれしも生まれたいから生まれてきたわけじゃない。
かならずしもやりたいことができるわけではないし、
なにかやってもうまくいくとはかぎらない。
とるに足らないちっぽけな存在だ。

それでいいじゃないか。
出来なきゃ出来ないでいい。
結果のことなんて考えるな。
そんな卑しいことをするな。

安全に生きようとするな。矛盾のなかを生き抜け。

人間はいつでも矛盾のなかに生きている。
状況のなかでカッと挟まれ、血だらけになって。
みんなそこから逃げて、安全に生きようとするだろ?
だからつまらなくなるんだよ。
ひとの眼を気にして、
無難に、安全に生きていることが
人生をむなしくしているんだ。
矛盾した生きかた、苦しい生きかたのなかで
自分をつらぬいて燃えあがる。
そうすれば人生は芸術になる。

あらゆるマイナスの自分を背負う、そこで闘う。

人間はそれぞれ自分の運命という重みを背負って生きている。
ぼくだって強烈な重みを背負って生きている。
自分には力がない、金がないからと、人に頼むのは甘えに過ぎない。
もっともっと悪条件のなかで闘ってみることだね。
自分の道は自分の手でひらいていくしかないんだから。

変節はするな、心は入れ替えちゃいけない。

ひとは変わらない。
だが常識は逆だ。
すぐに「心を入れ替える」などと言うが、これはいけない。
心は絶対に入れ替えちゃいけないんだ。
時代によってどんどん変えていったら、
個性がなくなってしまうだろ?

順番は考えない、思う存分に生きるだけ。

「人類にとっていちばん大切なものはなんでしょう？」と訊《き》かれた。

でもこの質問はおかしい。

「大切なものはなにか」なんて考えるから、生きかたがダメになるんだ。


いろんな面で便利にはなったけど、かえって人間としてのほんとうの生きがいを失っているのが現代だ。

矛盾したこの世の中で、瞬間瞬間に、絶望的に生きることが自分の生命《いのち》をひらく。

ほんとうに生きる意味、生きがいはそこにある。

なにが「いちばん大切か」なんて〝順番〟を考えていたんじゃ、
それを掴むことは到底できない。

なにがいちばんいい、悪い、なんてことを考えれば考えるほどむなしくなるだけだろ?

かつて純粋に生きていたとき、人間はなにが大切かなんて考えずに、瞬間瞬間に生きていた。

瞬間瞬間に思う存分に生きることだけが、ほんとうに大切なことなんだっていうことがわかっていた。

どうしたらいいか、なんてことを探し求めたりするから、逆にそれを見失うんだよ。

未熟だから力がでる。

未熟なものは、
運命全体、
世界全体を相手に
自分の運命をぶっつけ、
ひらいていかなければならないから、
それだけに闘う力をもっている。

勝って結構、負けて結構。

負けたからってガッカリする必要なんてない。
むしろ負けたほうがバンザイというべきなんだ。

負けたほうがベストを尽くして
相手を勝たせてやったんだから。

オレが勝たせてやったんだと
得意になればいいんだよ。

きみは自分自身と闘え。

人はなんのために生まれてくるのか?

闘うためだ。

闘いというと、戦争とか、ボクシングとか、競輪みたいなことを思い浮かべるかもしれないが、そういうことじゃない。

ほんとうの闘い、無目的的な闘いのことだ。


闘うなかでいちばんの強敵——

それは自分自身だ。

あのライバルをどうしよう、あのイヤな奴さえいなければ……、なんていうのは敵でもなんでもない。

自分をごまかして人と会って、コンチクショーと思いながら顔ではにっこり笑って、お懐かしいとかなんとか嘘っぱちを言う。

意味なく卑しく憤ってみたり、卑しく甘えてみたり、卑しく妥協したり。
そんな自分と闘わなきゃダメだ。
ほんとうの敵は自分自身なんだよ。

自分を殺す。
それは闘いだ。

制約されるからこそ、好きにやれる。

なぜ行動しないのか、実行できない理由を証明するために、やたらと障害の細目を並べ立てるヤツがいるだろ？

人を納得させるためにさかんに言い繕《つくろ》うわけだけど、けっきょくそれは「自分としては是非とも行動したいところなんだが、やむを得ない事情からどうしても諦めざるを得ないのだ」との弁明を自分自身に言いきかせているだけだ。


ぼくの考えはまったく逆だ。

制約の多いところで行動することこそ、つまり成功が望めず、逃げたくなるときにこそ、無条件に挑む。

敗れるとわかっていても、己れをつらぬく。

それが人間的ということであり、生きがいだからだ。

だからぼくは、むしろあらゆる条件が否定的であればあるほど、
逆に、行動を起こす。
そのとき大切なことは、中途半端はぜったいにダメだということ。
中途半端って不明朗なんだよ。
そういうときこそ、とことん明朗でなければいけない。
道半ばで腰が砕けると、けっきょく、やらなければよかったと
悔いだけが残ることになる。
中途半端に遠慮したり、謙虚になったり、
まして分際を考えたりしちゃダメなんだ。
危険に賭けなくちゃ。

決して謙虚になるな、可能性を諦めるな。

自分ってものを知らないくせに、自分はダメだと勝手に決めつける。
そうすることで安全な道に逃げる。
現在のあるがままで諦めてしまえば、たしかに人生は安全だ。
逆に、いまの自分とちがう、もっと別な自分になろうとすれば、
とうぜん大きな危険をともなう。

もし自分になんらかの可能性があるとしたら、
それは眼の前に危険な道があるってことだ。
そういうときこそ危険に賭けなきゃいけないのに、みんなそうしない。
謙虚という美名をまとって、危険に賭けずに逃げちゃうんだ。
危険に賭けて失敗した者がたくさんいるからだろうけど、
日本人全体にそういうムードがあることはまちがいない。

分際をわきまえて謙虚に生きるほうが人生うまくいく、
危険に賭ける代わりにマメに働こうってね。
それはつまり、質ではなく量で自分の立場を回収しようってことだよ。

全部、一瞬で吐き出せ。そこにはストレスなんてない。

全身で瞬間に燃えあがること。
力をためておいて、小出しにしようなんて考えてはダメだ。
すべてを一瞬で吐き出す気概をもつことだね。
それが楽しいと思えれば、ちっとも疲れない。
ぼくにはストレスなんてないよ。

過去や未来にこだわらず、自由に生きる。

ぼくが瞬間瞬間に忘れるのは、瞬間瞬間に生きてるからだ。
絶対感覚で生きてるってことだ。
過去や未来にこだわらず、現在に生きる。
それが人間のほんとうの生きかただと思うし、
ぼくにはそれしかできない。
どんな仕事をしているときも、
結果を考えたり未来を考えたり、
あるいは過去をふり返ったりなんてことは、とてもできない。
いま現在、この瞬間に生きること以外に
まったく生きがいを感じられないからだ。

人の眼ばかり気にしていると、思うように生きられない。

毎日の生活のなかで、ほとんどの人間は負けてばかりいる。
いつでも自分はダメなんだとガッカリさせられている。
自分の思うような生きかたはできない、と。
いつも人の眼を気にしているしね。
自分が勝者であり、成功者だという意識をもっている人なんてほとんどいない。
たとえ外から見て勝者、成功者のように見える人だってそうだ。

自分を信じる、なんてぼくにはない。叩きつぶすんだ。

自分を信じるなんて、ないね。
逆に、自分だから叩きつぶしている。
そこから出てきたものだけが答えだからね。
「自分を信じる」なんていやらしいことはないよ。

きみの弱さが強さになる。だからいいんだ。

自分を見返して、いろんな意味で自分自身を価値判断したときに嫉妬を覚えることがあるだろう。

他人とくらべて自分がどうだこうだ、自分はダメだってね。

でもぼくは、そういうときこそ「おもしろい！」って思うんだ。

自分はダメだ、自分の運命はダメになっている、と感じたとき、逆に「おもしろいじゃないか！」と思っちゃうんだよ。

自分には力がない、自分は貧乏だ、自分はつらい。

そう思えば思うほど、おもしろいじゃないか。

顔立ちが良かったり、金持ちだったり、力をもっていたり、人格や頭がいいと思われて、得意になっているヤツを見ると、逆にかわいそうだと思うね。

だって、人の判断で自分が決められちゃってるってことだろ？

うまくいってる人間なんて、１００パーセントのなかの１パーセントだ。
もっと少ないかもしれない。残りの者はみんな失敗している。
でもね、考えてごらん。
「成功者」がいるから「失敗」がある。
うまくいったヤツがいるから、あとの者が失敗したことになってるだけで
成功者がいなければ失敗もない。せいぜいそんな程度の話なんだよ。
金のない者は金持ちに嫉妬心を抱くかもしれない。
そういうときに、自分をマイナスに考えて嫉妬するか、
自分はダメだからおもしろいんだとプラスに転換して喜びを感じるか。
ぼくはマイナスを喜ぶ主義をつらぬいている。
うまくいっているヤツを見たら、かわいそうだって同情してやるんだ。
うまくいかなくていい。そのほうがいい。
そこに喜びを感じるのがぼくのスジだ。
おもしろいよ。やってごらん。

勝利者も敗者もない。それが挑戦。

挑戦する。
勝利者でありたいと激しく熱望する。
その勝利のためにひとりの敗北者も生まれない勝利だ。
ちょっと異様に聞えるかもしれないが、
自分が勝つために敗れた者がいるなんて、私には不潔な気がする。
闘いは人間の運命の透明な流れでなければならない。

伝説とか芸術表現のなかに醜い敗者はいない。
しかし、闘いは実際には孤独の夢のなかだけにひらくものではないし、
透明で終わるものでもない。
闘争は血なまぐさい。

手段を選ばず相手を抹殺し、服従させ、隷属させる。
だが忌《いま》わしくあってもなくても、歴史は永遠にそれを繰り返してきた。
戦争は必然的に人間文化のなかに起こったし、起こりつつあるのだ。

怒りは透明なエネルギー、挑戦は美しいスタイル。

怒りは宇宙に透明にひろがる情熱、エネルギーだ。
それが現実の抵抗に向かって行動するとき、挑戦の姿をとる。
人間はいつでも闘いながら生きてきた。
自然に対し、そしてまた人間同士のあいだで。
たとえどんなに温厚で満ち足りた者でも、人生を闘いつづけている。
とりわけ積極的な人間の身を投げかける姿勢は挑戦なのだ。
その姿を純粋に思い描くと、孤独のなかで、青空に向かって、
また自分自身に向かって矢を射る、ふとそんなイメージが浮んでくる。

「挑戦」――すべての闘いは、挑戦という姿においてある。

そう言いきりたい。

そこで勝敗はすでに決定している。
それはまた高度なモラルなのだ。
血を流す、いのちのやりとり、差し引き何人残ったなどというのは、
卑しい些末事《さまつじ》でしかない。

挑戦は美であり、スタイルだ。
それは冷たく、そして熱く、華やかにうちひらく。
私はそこに最も人間的な誇りを、
言葉を換えれば芸術の表情を見とるのである。

どうすれば自分をつらぬけるのか。

いまや嘘は社会システムの一部になっている。

だから、ある程度、嘘を言わなきゃならないのはしかたがないことかもしれないし、嘘について考え悩むこともあるだろう。

真面目な者ほどそうだ。

でも、嘘について悩んだり、心を痛めているだけじゃダメだ。

表面的な、社会生活の潤滑油みたいな嘘は気にしなくていいけれど、
自分の良心にかかわる問題なら、あらゆる犠牲を払っても、
努力して、プラスに転化させなければならない。

自分が純粋だということに甘ったれてちゃダメだ。

純粋をつらぬくためには、知恵も要るし勇気も要る。

どうやれば自分をつらぬき通せるかを、真剣に見極めなければ。

その道を努力して見つけていくことが人生なんだ。

人間は矛盾する生き物だ。矛盾することで自分をのり超える。

まことに人間というのは根源的に矛盾的存在だ。

自分と、自分を超えたものとを、いつも自分の内にもち、そしてその双方をしっかりと掴んでいなければ、ほんとうには生きられないからだ。

引き裂かれた存在、その矛盾の意識はけっして他の動物には見られない。

そして矛盾を克服するために、逆にさらに矛盾した様相で身を装い、いちだんとそれを深める。

仮面——。

人間存在の矛盾律、その言いようのない二重性を克服するために仮面が存在しているとしか思えない。

克服するために、それをさらに激しい矛盾の形で突きつける。

それによって自分をのり超え、世界と合体するのだ。

瞬間にいのちを燃えあがらせれば、目標はいらない。

これから目指すことなんて、ないよ。
瞬間瞬間に生きてるんだから。
これから、とか、いままではどうだった、とか、
そんな時間での計算はしないし、
かつてはこうだったとか、これからどうなるだろう、
なんてことも考えない。
瞬間にいのちを燃えあがらせることが生きがいなのであって、
過去にこだわったり、未来を予測したり、
そういう卑しい考えはもたないことにしているんだ。

人生を楽しむ必要はない。
まず闘うんだ。

自分が楽しむなんて必要ないですよ。
自分が闘うことですよ。
人生というのは闘いであり、
闘いというのは危険と対決することですからね。
楽しいはずがない。
だからぼくは「幸せ」という言葉が大嫌いなんだ。

「私なんか……」なんて口にするな。その狡《ずる》さに隠れてはならない。

謙虚という美名のもとに隠れているのは、一見引きさがっているように見せかけてじつは相手を安心させて利用しようというチャッカリした魂胆だ。

謙虚という楯《たて》を借りて、その陰でうまくやろう、消極的に生き延びようという小狡い打算だよ。

そんなものは、強者には媚び、弱者をいびる小役人根性だ。

ほんとうの謙虚とは、人前で己れを低く見せるなんてことじゃない。逆なんだ。

自分の責任において、己れを徹底的につらぬくこと。

ぼくが〝岡本太郎〟を打ち出しているようにね。

謙譲の美徳、つまり「私なんか……」なんて言っているところには、
いかなる真実も生まれない。
「私なんか」と言うことで責任を他人に押しつけ、
自分は逃れようとしているわけだからね。
そこにあるのは、いつも「だれかが」であって、
「自分が」じゃない。
けっきょくだれも責任をとらない。

口先だけの言葉でごまかすな。バカにされても、自分のやりたいことをやる。

よく「心を清める」なんて言うけど、そんなのは口先だけだ。

心を清めるなんて言ったって、じっさい心が清らかな人なんてほとんどいないだろ？　そういう言葉でごまかしちゃダメだ。

それよりむしろ、自分の心がどんなに不潔であっても、どんなに人にバカにされても、どんなに汚いと思われてもかまわないから、自分の思っていること、やりたいことを実行に移し、自分の運命をぶっつけていくべきだ。

そもそも清らかに生きるなんて言ったって、なんのことだかわからないだろ？　ご飯を食べたって、自然を壊したり、獲《と》ってきたものを食べているんだし、肉を食べれば、動物を殺しているわけだ。

自分が幸せでも、隣の人は惨憺《さんたん》たる思いをしているかもしれない。自分だけが清らかだと思っても、世界全体、人間全体を考えれば、少しも清らかじゃない。

人間はたったひとりで生きているんじゃない、全体と生きているんだから、自分の心だけが清らかになったってしょうがないし、そもそもそんなことはあり得ない。

もしほんとうにこの世界全体が清らかなら、食い物も手に入らないし、排せつするわけにもいかない。

「清らか」なんて口先だけのことであって、そんなことより、思う存分に生きるほうがほんとうの意味での清らかさなんだ。

世の中には清らかな面もあればそうでない面もあって、それがさまざま入り交じっているわけだけど、そんななかで自分のスジをつらぬいていくこと、それが人間のほんとうの生きかたであり、それが清らかであろうが淀んでいようが、暗かろうが明るかろうが、自分の運命をつらぬくことがほんとうの意味での清らかさなんだと思えばそれでいいんだよ。

群れるな、孤独になれ。

若者は非力だ。
その無力感は耐えられない孤独に彼らを突き落とす。
その暗さをだれもわかってくれない。
「きみは若いんだ」とかたづけられてしまう。
それが侮辱であるならまだしも、同情だったり、讃辞としても発せられる。
だからなお、やりきれない。
自分ひとりではいたたまれない。

そこで彼らが求めるのは、自分たちとおなじような状況にあるものだ。
それらと群れて、気持ちが通じるところ、
——モヤモヤしたものを平気でぶちつけられる、
みんながそういう不満、退屈をもちより、モヤモヤのまま許される。

しかもそのぶつかりあいが決闘ではなく、一種のルールによって型になっている世界だ。

そのなかで安心し、抵抗なく無力感、孤独が解消する。

そういう場所を彼らは探し求める。

今日問題になっている若者像がほとんど、独りの姿ではなく、集団の形で浮かびあがるのはそういう精神状況からだ。

青春は年齢じゃない。純粋に生きれば、人生が青春になる。

闘うために人生を生きる。
純粋に生きる。
そう覚悟したとき、ほんとうの青春が現れる。
人生全体が青春になる。

青春とは年齢じゃない。
まして甘えることが青春じゃない。

ほんとうに生きたい、ほんとうを掴みたい。

青春において、破壊は祈りであり、儀式であり、呪術だ。
生命の至上命令。
だから若さはシャニムニ突き進んでゆく。
やりきれない、ほとんど焦りに近い気持ち。
突きあたり、破壊し、盲進していく、そこになにが現れてくるか、
自分でもわかってはいない。
しかし、なにかが現れる。
それは神秘だ。
ほんとうに生きたい、ほんとうのものを掴みたい。
いま眼の前にある、通用しているすべて、
自分を含めて、それはなにかほんものではないという感じ。

群れの「枠」から離れて、自由になれ。

現代社会の「青春期」という枠。

彼らはその与えられた自由、特権を安心して行使している。

自由という名目のうえにのせられて、逆に自由への戦意を喪失している。

なにに立ち向かったらいいのかわからない。

そういう無重力の圧迫感。

しかもそれに自分で気づいていない。

彼らの自由は、じつは見えない枠に閉じこめられている。

だから青春は、瞬間のイメージとして、幻影としてしかもちえない。

そういうものが若さであるように、彼らは一生懸命思い込もうとしているが。

一見奔放《ほんぽう》で、行動派に見えるけれど、彼らは結果として少しも社会的現実を傷つけ動かしてはいない。

彼らは破れていない。

絶望的に、破れることがないのだ。
現代の退屈、むなしさがこの若者像に象徴されている。

若い群れが騒いでいる。
例によって狂熱した場所だ。
それを眺めながら、私はふと幻覚する。
……このなかから、すっと、ひとりが音もなく立ち上がり、
人知れず扉をひらいて、暗い夜のなかに出ていく。無言で——。
行く手の濃い闇のなかに、
彼こそ青春の無限の彩りがひらけるのを見るだろう。

大勢のなかの独りぼっち。

若者たちは一様に言う。

グループで遊ぶのが一番おもしろいと。

皆のなかで、その雰囲気に溶け込んで、なにか一緒にフワーッと膨れあがってしまう。

一種の麻薬的効果だ。

だからこのムードのなかで自分だけが変わったことをするのは許されない。

個人プレイにならないように。

みんなとおなじように、それが彼らのルールなのだ。

オリジナリティをもつことはモラルじゃない。

だから英雄は不在である。

暗黙のうちに、おなじであることが要求され、また彼ら自身、みんなとおなじでありたがる。

セックスの場合でさえ、同質のモラルがはたらく。

「グループのなかで、だれかひとりを特別に好きになるってことは、またイヤになるときもあるってことでしょう。そうすると、グループにも出てこなくなると思うの。そういうのはよくないでしょう? だから、少しはそういう気持ちがあっても、おさえちゃう」「それに、このなかではそんな気持ち起こらないよな」

結局は暗黙のルールに従っているのだ。

拘束されるのはキライだと言いながら、彼らはグループに対してはたいへん忠実だし、仲間の不文律に従順だ。

遊び仲間といっても、とりわけ深いつきあいではない。

が、みんなといっしょにいる、いたい。

そのなかでやはり一人ひとりは、ほんとは独りぼっちなのだ。

誕生日なんていらない。

家族のだれかの誕生日がくると、ケーキにローソクを立てて〝ハッピー・バースデー・トゥー・ユー〟と歌ったり、贈り物をやったりもらったりするね。
もともと日本にはなかったもので、欧米の風習だ。
それを形だけ真似るなんて、小市民的安逸《あんいつ》に過ぎない。

そもそも、ひとつトシをとるという意識がまちがっている。
毎日をつねに充実して、猛烈に生きていれば、
誕生日なんて思い出すヒマもないはずだ。
大切なのは誕生日を楽しみに生きることじゃない。
毎日を猛烈に生きること。

過去はとかく美化される。

それを正しいというのは老人の感傷以外のなにものでもない。
誕生日を迎えるたびに、オレは今日から新しく生まれ変わったと思って、
新しく生きがいを燃やすなら、誕生日にも意義はある。
だが、ただぐだぐだとプレゼントをやったりもらったりするんだったら、
そんなやりとりはやめてしまえと言いたいね。

心の中に国境をつくるな、自由に結婚すればいい。

もし外国人の女性を愛し、結婚したいと思っているなら、
男と女として、素直にぶつかりあえばいい。
もちろんちょっとした食いちがいやズレはあるだろう。
日本人同士だって、生まれも育ちも個性もちがうんだから、
そういうものはとうぜんある。
結婚したいという意志をもちながら、心のなかに国境をつくるなんておかしい。
溶けこんでいけないだろうと先入観をもってはダメだ。
まず日本人特有の閉ざされた意識を捨て去らなければ。
結婚して結果がうまくいかないこともあるだろう。
でも、いまから考えたってわかりはしない。

結果は結果だ。

結果にこだわるからなにもできなくなる。

それがいちばん愚劣なことだ。

もしこうしたら、こうなるんじゃないかと、あれやこれや自分がやろうとする前に、結果を考えてしまう。

これがいちばんつまらない。


なにかをやって失敗したら、そのときはそのときだ、と考えればいい。

だから、いまキミがその外国人女性と恋愛していて、結婚したいと思っているなら、結婚すればいい。

その結果がうまくいこうがいくまいが、誠実に、その瞬間瞬間にベストをつくしたんなら、結果なんていっさい考える必要はない。

運命をつらぬいて生きる。

大切なのはそれだけだ。

結婚という制度から自由になれ。

「どうして結婚しないのか」とよく訊《き》かれる。

ぼくは、結婚しない主義とか、独身主義といった〝主義〟で結婚していないわけじゃない。

役所に登録したり、形式だけの式を挙げたりするなんてことは、男と女のほんとうの溶けあいじゃないと思っているだけだ。

二十代を過ごしたパリ時代、ぼくはずいぶん恋愛をしたし、同棲もした。

女性と何度も溶けあって暮らした。

大恋愛をしたら、結婚しようがしまいが、一緒にいればいい、一緒になればいい、一体になればいい。

それだけのことだ。そうだろ?

ところが日本に帰ってきたら、まだ溶けあってもいないうちに結婚してくださいなんて言われる。
なに言ってるんだって、がっかりしてつきあいたくなくなる。
結婚することがなにか特別なもの、人生の大事な目的みたいに考えているんだな。
男が大学を出た途端に就職しようとするのとおなじで、
女にとって就職みたいなものになっている。
ちっともおもしろくない。
あんなもの、登録しても意味ないじゃないか。

ほんとうに一体になりたかったら、人が反対しようが賛成しようが、
世間がどう言おうが、ふたりで一緒に生活すればいいんだし、
たとえ一緒に住めなくても一体になればいいんで、
役所に届出たり、形式的な式を挙げたりすることと、
男と女のほんとうの溶けあいは無関係だ。

たしかに結婚というシステムのなかに入ることはしかたがない面もあるし、結婚してもいい。

ただ、少なくとも結婚なんていう制度をことさら重視する必要はないと思うんだ。

それ以前にもっともっと、ほんとうの意味で無条件に溶けあうこと。

登録や結婚式をやって形式的に家庭をつくる以前に
男と女が溶けあうってことがまず前提だ。

ぼくはぼくのこどもで孫で親父で、おじいちゃん。

ぼくは、ぼく自身がぼくのこどもであり、孫であり、親父であり、おじいちゃんだと思っている。

息子をもったり、孫をもったりなんて、そんな〝財産の相続〟みたいなことはどうでもいい。

跡を継ぐ奴も必要ないし、なにかを残すつもりもない。

残すとか、血筋とか、富とか、そういうことが人間の卑しさだ。

世界中のこどもが自分のこどもだと思えばいいんだよ。

だいいち歳をとって死ぬことなんて考えなくていい。

逆に、瞬間瞬間に死と対決して、よし、死んでやろう、と思えば、いのちは燃えあがる。

男女同権ではない。男女一体だ。

男女同権についてどう思うかとか、ウーマンリブは、などとよく訊かれる。いまの社会ではたしかに女性にとって不利な差別が多いし、人間としての自由の欲求と絡みあって、女の権利が主張されるのはとうぜんだと思う。

しかしそれがたいてい、女と男の国境を意識した、陣取り合戦のような具合になっているのはつまらない。

そんなことで実りがあるとは思えない。

男女同権が言われ出したのは、近代社会になってから本質的な意味での女の役割、男の役割、それをもって運命に挑むということがなくなってしまったからだ。

機械化され、システムだけが動いている現代では、男でも女でもおなじことだ。だから性は同質化し、よく見ないと男だか女だかわからないような顔つき、なりをした連中がうようよしている。

絶望的なことはこの同質化にある。
いったい先進国を自覚している日本やアメリカなどに、男性的男性がいるだろうか。
ほんとうに女性的な女性も。
私は男女がおなじだとは思わない。
女と男は異なった二つのポイントから世界を眺め返している。
男の見る世界と女の見る世界は彩りがちがう。
男だけ、女だけでは、世界観は成り立たない。存在であり得ない。
双方の見方、感じ方、生命感をぶつけあい、挑みあい、渾然《こんぜん》と絡みあって
はじめてほんとうの世界を掴むのだ。
だから私は同権ではなくて、男女一体だと言いたい。
異質だからこそ、互いに惹きあい、また与えあう。
矛盾をぶつけあいながら、一体なのだ。

女は安息の地なのか。

よく政治家や実業家が、歳をとって功成り名をとげると、「今日あるのは女房のおかげだ。感謝しとるよ」なんてうそぶく。

若いときはさんざ好き勝手なことをやって女房を泣かせ、人間扱いしなかったくせに。いまさら良い子になって。

しかもそのうえにまだ女房を栄光のダシにする。

無神経なヤツラだ。

女房を安息の地ぐらいに思っているのだ。

ああいうところに日本の男性のいちばんキタナイ面があらわれる。

だが女はそれをも許し、黙って支えている。

女の力こそ、貧しい日本、その運命を、顕彰もされないまま黙々と支えてきた。

久しい歴史のあいだ、底の底で。

底の底にこもった力、女の力は突然ひらく。

女たちは不思議な呪力をもっている。
抑えられ、いつもは外には表われないが、
底の底にこもった力だ。
常の世界に表現をたたれた魂。
それが突然うちひらく神秘だ。

葬式になんか行かないよ。

ぼくは葬式には行かない。

生きているときに散々悪口を言ったり足を引っ張ったりしていたくせに、相手が死ぬと安心して「惜しい人」なんていう。

ほんとうに惜しいと思ってわざわざ焼香に来るくらいなら、その程度の、これっぽっちの協力でもいいから、その人が生きているあいだにしてやれば世の中がもっともっと膨らんでくるのに。

そんないちばんケチくさいところにたくさん集まる。ぞっとする。

あんな卑しい儀式はない。

けしからん!

だからぼくは、よほどのことがないかぎり葬式には行かない。

葬式なんてぜんぶ止めたほうがいいんだ。

葬式なんて卑しいことはしない。

葬式なんてケトバしてやりたい。

葬式なんて卑しい。
人は生きているときにこそ、手を差しのべたり、
力づけたりすべきなのに、
そんなことはなにもしないで、
悪口を言ったり、足を引っ張ったり、
さんざん意地悪をした奴らが、
その人が死んでしまうと安心するのか、
黒い服を着て、黒いネクタイなんか締めて、
殊勝げに惜しい人をなくしましたとか、
日ごろから尊敬していましたなんて言う。
ああいうのを見るとムカムカして、ケトバしてやりたくなる。

にっこり笑いながら本気で怒れ。

私は言いたい。

全体をもって爆発し、己れを捨てることだ。

捨てるというのは、いちばん自分をつかまえることなのだ。

ああオレは怒っているな、と腹の奥底でにっこり笑いながら、真剣に憤っている。それが人間的なのである。

表現の側からいえば、眼をつりあげて怒りながら、同時にそれが笑いである、またその逆であるというような表現こそ、人生そのものの表情であり、また芸術だと思う。

孤独のなかで死ねればいい。

今日の常識から見れば、死とか孤独の高貴さなど無意味だ、ナンセンスだと思われるかもしれない。

しかし、私は人間のノーブレスというのはいつでも、瞬間に死に正対しているところに輝くとしか考えられない。

安全でまちがいない、危険から保証されたような姿に人間的高貴を感じとることは私には絶対にできない。

人間は孤独のなかに死ぬ。

闘う人間は、瞬間瞬間に死を決意しなければならない。

でなければ人間生命はけっしてひらくことはないのだ。

しかし、死の予感の前に立つ高貴な表情が、なにも悲劇的パターンである必要はない。

逆にユーモラスに、哄笑《こうしょう》したっていいのだ。

たくましく伸びようとする心、それを踏みにじってはならない。

「教育」と一口に言うが、教えることと育てることはまったく別だ。
教えることは教えていい。
だが育つものの伸びる意志、誇りを潰してしまってはなんにもならない。
植物だって、動物だって、自分で育つんだ。
だからこそ誇らかに、たくましい。
生命の尊厳なんていかめしいことを言わなくても、
草っ原のなかにヒョロッと生えている弱々しい一本の雑草だって、
天地の精気を集めたように、小さい、だが美しい花をつける。
どんな大宮殿にも負けないほど誇らしい。
それが、いのち。
自分で育ち、自分でひらく。

教育がそれを潰してはいけない。

「お前はなぜ青いんだ」とか、「お前の花びらのつき方はまちがっている」とか。

とんでもない。

とかく教育者はそういう干渉をする。

矯正することが教育の使命のように思いあがって、

精一杯伸びようとする生命力、その尊厳を抑えつけようとする。

絶対にダメだ。

執着しない、ただ自分自身を知りたい。

はじめ、私は「日本人」であるよりも、「世界人」であればよいのではないかと考えた。

青春の十年以上もパリに住み、世界のあらゆる文化圏に通ずる場所で、世界人になりきろうと努力し、実践した。

ところが、世界を見る場合、逆に自分の眼を凝視しなければならなくなる。それはとうぜん自分を生育し、形成した特殊な諸要素につながる。

私はあきらかに日本人であった。

日本人としての存在を徹底して掴まないかぎり、世界を正しく見わたすことはできない。

私は戦争を機会に日本に帰り、その後、情熱をもって日本民族のなかに秘められた文化の独自性を探求した。

もちろん、自分自身を知ろうという情熱であった。

民族は固有の暗号をもっている。

同質の生活的感動、いわば秘密のようなものだ。

それによって、言葉なくお互いが理解しあう。

それは隣人愛だとか同胞意識などというような単純な枠で割りきれない、もっと繊細であり、根深い神秘だ。

ちょうど鳥や動物などの群れが、外からは見てとれない暗号を瞬間に発し、解読し、群れとして行動する、あのような敏捷《びんしょう》さである。

島国の同質的な世界のなかで、長いあいだ、純粋に生きぬいてきた民族には、無言の言葉、その役割は強い。

それは見えない暗号でありながら、また生活的には形となったり色となって表現される。

こういう無言の地点から、民族の文化、芸術を理解したい。

第2章 強く生きる。

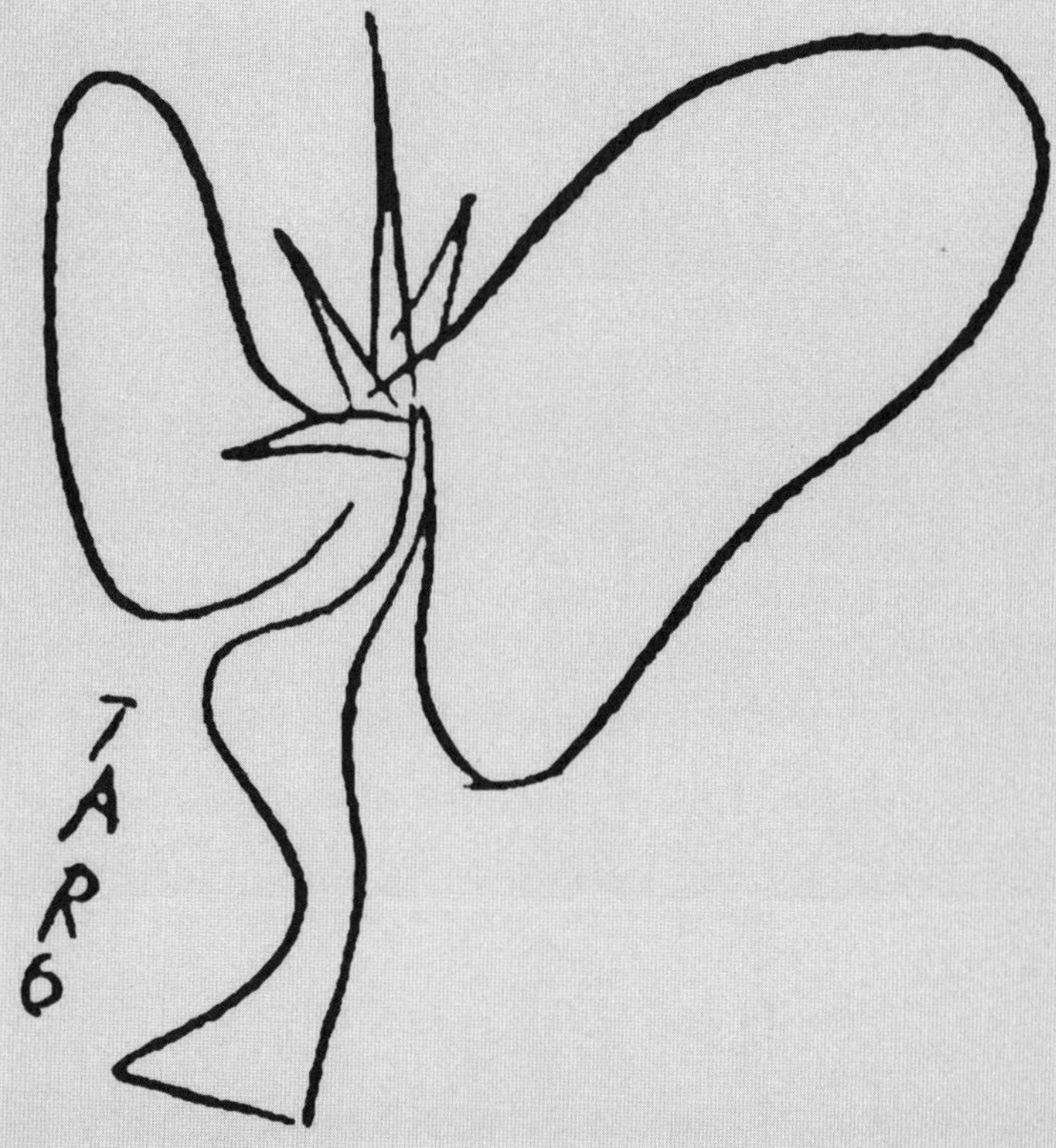

強烈に生きる、それが人間。

人間即芸術。
芸術即人間。

もっとも強烈に生きる人間が芸術だとぼくは思う。
このモーメントが、いま見失われている。

絵も描かないし、唄も歌わないけれど、
オレは芸術家だ。
ほんとうに強力に生きる、
それが人間だ。
そうつらぬけばいい。

妥協しないで生きるから、強くなれる。

バイタリティやエネルギーがあるから創るんじゃない。
決意して創るから、妥協しないで生きるから、
情熱が湧き、バイタリティが生まれてくるんだ。
バイタリティがあるから創る、なんて計算的なものじゃないんだよ。
闘うからバイタリティが出てくる。
日本人の常識とは逆なんだ。
そうやっているのは、ぼくが強いからじゃない。
むしろ弱いからだ。
これは人間のほんとうの生きかたの問題にかかわっている。

感動、それが芸術だ。

感動とは自己発見だ。
絵を見て感動するのは、その人が自分の精神で発見したからであって、
その絵が素晴らしいかどうかとは別なんだ。
感動する絵に出会ったら、
自分の精神がそれをつくり出したと考えればいい。
自分で描かなくたって、
見て感動すれば、それが芸術だ。
もちろん描いたっていいし、描くべきだ。
下手だろうがなんだろうが、自分の精神を燃えあがらせ、
いのちを爆発させてからだを動かすのが人間であり、
それが人間の生きがいだ。

へたくそでいいじゃないか。自分の絵を描けばいいんだ。

「へたな絵だな」と言われたら、
「そうだろ、へたなんだよ」と得意になればいい。

そうしたら、とてもおもしろいものができてますよ。
自分が生きてきますよ。

人の眼を気にして、他人の真似をしたって、
ほんとうの生きがいはちっとも感じられない。

好かれるヤツほどダメになる。

自分の芸術に賛成してくれる人間が多くなればなるほど、
自分がなくなって〝みんな〟になっちゃう。
なにかを創造する場合はそうなんだな。
そして〝みんな〟になったとたんに、創造の感動がなくなっちゃうんだ。

みんなに嫌われるってことは、彼らの問題になっているってことだろ？
それだけの実力がなければ、嫌われっこないんだからね。
自分で自分を嫌悪するくらいのものでなきゃ、ほんものじゃない。
ぼくはどうも好かれる傾向があってね。
それがとても悲しいんだ（笑）。

自分一人で方法を発見していく。それしかない。

芸術というものは
自分一人で方法を発見してゆく
それ以外にない。

はじめから弟子になりたいなどと考えるヤツは
それだけで芸術家失格だ。

弟子なんかいらない、みんなオレの敵になれ。

弟子なんかいらない。
みんなオレの敵として、
ライバルとして、
オレを越えるものを描いてくれることを望んでいるんだ。

感動した自分を発見し、自分を生かしていく。

十八歳でパリに行ったとき、ルーブルでいろんな有名な絵を見た。
そこでセザンヌの絵を見て、涙が出るほど感動した。
ところが、しばらく経っておなじ絵を見たときにはそれほどでもなかった。
それで気がついた。
たしかにその絵は素晴らしい、セザンヌは素晴らしいけれど、
あのときあの絵に触れて感動したのは、この私であるということ。
そういう感動をする自分を発見したということであり、自己発見なんだ。
感動した自分を発見し、さらにそれを深め、自分を生かしていく。
それは闘いだ。

キレイは「美しい」ではない。

美しいと感じるのは、たんに眼にしたものが美しいということ以上に自分自身が心のなかで感動したからだ。

美しいと感じたとき、自分の存在自体が美しくなる。

何々大先生の絵だとか、然々《しかじか》の名品ですなんて言われ、これは美しいものであると決められたものを見て、「ああ、なるほど。美しいですねぇ」なんていうのは、ほんとうの美しさじゃない。

「なんだ、これは！」と思いながら引きつけられる。

それがほんとうの美しさだ。

だからぼくは、「芸術は、うまくあってはいけない。きれいであってはならない、ここちよくあってはならない」と言っているんだ。

これが今日における『芸術の三原則』だ。

「きれいであってはならない」というのは、〝キレイ〟と〝美しい〟は正反対だからだ。

〝キレイ〟はそのときの基準や規範に合致しているだけ。自分の精神で発見したわけじゃなく、その時代の約束ごとによって決められた〝型〟に過ぎない。

いっぽう醜いもののなかにも美しさはある。

グロテスクなものや恐ろしいものにもぞっとする美しさがある。

なんでこんな醜悪な、と思うような、ぶるるっと震えるほど醜悪なものが美しいってことだってあるんだ。

ゴッホは美しいけど、キレイではないだろ?

ほとんどの人が、キレイと美しさを混同している。

ぼくは「キレイ否定論者」だ。

キレイである必要はない。美しくなきゃいけない。

「なんだ、これは!」って感動する。

自分の心のなかに「美」がひらく。

それが美しいってことだ。

人に嫌われることをやれ。危険な道を選べ。

「あら、いいわねぇ」なんて言われるのはロクなもんじゃない。
レベルが低いから、あらいいわねぇ、なんて安心して見ていられるんだ。
逆に「なんだ、これは！」とゾッとするようなもの
それがすばらしい芸術だ。
だから嫌われる仕事をしてやろうと思った。
憎まれ、相手にされず、問題にもならないようなね。
とうぜん絵は売れないし、売れなければ食っていけない。
食えなければ死んじゃうかもしれない。
よし、それなら死んでやろうじゃないか、と。
そう決意したのは二十五歳のときだった。
当時のぼくは自分の運命に迷い、悩んでいた。

ある日、パリの街を歩いていると、いてもたってもいられなくなって
映画館に飛び込んだ。
自分の心のなかには炎が燃えあがっている。
ひとり考えているうちに、ハッと気がついたんだ。
人間はいつもふたつの道の岐路、わかれ目にいる。
この道を進むか、こっちを選ぶか。
そんなとき、だれもが道徳的、常識的に安全な道を選ぶだろ?
それが基準になっている。
でもオレは迷わず危険なほうを選ぶ。
映画館でそう決意したんだ。
こっちに行ったら死んじゃうんじゃないかという道を進もう、ってね。
よし、じゃあ死んでやる。
それをずっとつづけているんだ。

「なんだ、これは！」という花がいい。

ぼくは格好のいい花は嫌いだ。

派手な格好のいい花を摘んできて、瓶に入れたり、部屋に飾ったりすることも嫌いだ。

「どう、キレイでしょ？ 見てちょうだい」ってカッコつけて媚びているのがイヤなんだよ。

だけど「なんだ、これは！」っていうような花が、自然のなかにそっとひとつだけ咲いていたりすると、とても親しみを感じる。

「見てください」っていうんじゃなくね。


ずっと昔、とても孤独で、草の野原にパッとひっくり返っていたらね、眼の前に花が見えた。

その花を見て、〝ああ！〟と思った。

広漠とした草原にちょっとあっただけで、見られようと咲いた花じゃない。
それを見たとき、人間の孤独を感じて感動したんだ。
お互いに握手をして、話しあいたいと思った。
花屋に商品みたいに並んでいる花や、飾られようと気取っている花より
だれにも見られなくたって構わないと、
自然のなかに孤独に咲いている花のほうに、ぼくは共感する。

命のしるしを自分にたしかめる。ぶつけながら、疾走してゆく。

私にとっては衝動を実現することが問題なのであって、
結果は知ったことじゃない。
美しかろうが美しくなかろうが、うまかろうがまずかろうが、
ひとがそう判断しようがしまいが、かまわない。
芸術ってのは画面じゃなくて、
そういうエモーションの問題だけだと思うからだ。
人のために美しいものを描くというよりも、
生命のしるしを、自分にたしかめる。
あたかも重畳《ちょうじょう》とした山嶺《さんれい》をいくつもいくつも
自分の足元から全身にたしかめ、
ぶつけながら、走破してゆく気持ちとおなじだ。

オレはピカソをのり超えた。

私は象徴的に自分こそ芸術家であり、
ピカソをもすでにのり超えたものであると公言する。
この弁証法のスジがわからず、
思いあがったウヌボレだと取る向きが多い。
たいへんな見当ちがいだ。
これは壮烈をきわめた謙虚なのだ。

生きぬくために克服する。

人間にぶつかってくる外的条件はいつも矛盾に満ち、意外なことばかりだ。
人間が生きぬくためには、それを克服するきっかけが必要だ。
原始社会では多くそれを集団的に行ってきた。
すべての儀式的な折目、節は、それだから神聖なのだ。
さまざまの人間的段階を切り抜けてゆくときに行う祭りにしろ、
セレモニーにしろ、人間を新しい生きがい、世界観にひらいていく、
そういうものすべてがイニシエーションである。
集団の祭儀もあれば、孤独な儀式もある。
じつはその両者は同時に混在しているというのがほんとうだろう。
そこに、運命を裂く、裂かれたような面が立ち現れる。

農耕人になるな、狩猟人になっていのちの輝きをとりもどせ。

今日でも、縄文土器に感動する人間と、弥生式や埴輪《はにわ》好きの人間がいるように、狩猟人の血をひいている者と、骨の髄まで農耕人の末であるのと、どうも二種類あるようだ。

残念ながら、いや歴史のとうぜんの結果かもしれないが、あたりを見まわすと、うんざりするほどの農耕人だ。

農耕人――今日風にいえば小市民である。

さらに、私はよく腹を立てて「一億総小役人」と悪態をつくのだが、なんと官僚的な人間ばかりなのだろう。

そういう一般的惰性を打ち破る「狩猟人」の精神。

危険に身を張り、孤独に、現在に賭け、未知に躍り出ていく。

瞬間瞬間のいのちの輝きをとりもどしたいものだ。

ただひたすら人間的に生きる。それが芸術だ。

「芸術家」っていう意識をもった瞬間に、芸術じゃなくなるってことだ。

近ごろでは、作品のない空き部屋に客を招いて「これがオレの展覧会だ」なんて言ってみたり、なにも描いていない真っ白なキャンバスを並べて「これがオレの作品だ」と得意になっている輩《やから》がいる。

それを見て「はぁー」なんて感心しているバカもいる。

真っ白なキャンバスを「作品だ」といって提出するなんてのは、ダダイズムの時代にやっていたこと。ただそれを繰り返しているだけだ。

バカな芸術家が多いんだよ。

ヘンな芸術家意識をもっているからだ。


芸術家だ、絵描きだ、音楽家だ、なんて主張するようなヤツは、みんな商品をプロダクトしているだけ。
商品をつくった段階で、だれかに買ってもらおう、換金しようと努力する。
いわゆる商人、経済人などより、もっと卑しい存在に落ち込んでいるのが、
芸術家と称する怪しげな存在だ。
そういう連中に引っ掛かっちゃダメだ。
そもそも芸術といったって、絵を描く必要もなければ、唄を歌う必要もない。
ただひたすら人間的に生きる。
それが芸術なんだから。

縄文の心をもって生きる。

会社内の人間関係だってそうだ。

平社員が社長や部長に気をつかうやり方は、百姓が庄屋にへつらうのと大差がない。

農耕社会の村生活での神経の配り方とほとんど変わっていない。

こういうことはすべて弥生に入って起こったことだ。

農耕が広がり、急激に人口が増え、やがて階級社会ができるにおよんで、農耕民らしいおだやかで平板な性格に変わってしまったのだろう。

それまでの縄文期の日本民族は、日々の糧は闘いとるのだ、という猛々《たけだけ》しい決意、血と血の争いのなかで躍動する狩猟民族の精神にあふれていた。

とりわけ北方から中部日本にかけては、自然環境の厳しさから狩猟採集と漁労でしか生活の道がないから、生身で自分の暮らしを支えていかなければいけない。

その厳しさと強烈な運命の自覚があの縄文土器をつくりあげたにちがいない。
いまの日本社会で芸術だと称されるものを、ぼくは芸術だとは思わない。
ただ人に好かれる商品をつくっているだけだ。
しかし縄文の時代は人に好かれる／好かれないではなく、
人間生活の絶対観のなかで無条件につくっていた。
瞬間瞬間に絶対観をもつことが生きがいだったし、
モノをつくることそのことが情熱であり、歓びだった。
もちろん貨幣経済なんてなかったし、土器ひとつつくったからといって、
それが金になるわけでもない。
物々交換でさえ、遥かあとの時代に生まれてきた経済組織だ。
だから自分の絶対観で土器なり土偶なりをつくった。
人に好かれるとか好かれないとか、職業として成功するとかしないとかは
いっさい無視して、自分の生命観を注ぎ込んだのだ。
自分といってもただの近代的なエゴではなく、同時に部族全体であり、

部族全体とは、宇宙即部族との一体感であるという無条件な情熱であった。つくり手にとって、うまい、下手なんてことは問題ではなかっただろう。自分、部族、全宇宙が一体となった身震いするような情熱を込めてつくったからこそ、あのような自由奔放な、ダイナミックな形ができたのだと思う。

ところが現代の芸術作品と称するものはまさに正反対で、だれもが相手となる客のことを考えながら作品をつくっている。世の中の評判とか基準とかがあって、こうしたら売れるだろう、好かれるだろう、褒められるだろうといった意識でつくろうとする。これではただの商品であって、芸術でもなんでもない。

現代のむなしさは、さまざまな人間の生活が職業によって分断され、与えられた職能や専門分野だけに自分を狭めて生きること、すなわち職業分化にある。

人間として全体的に生きていないから、人間的な表情を失ってしまうのだ。しかし縄文の人々は、人よりいいものをつくるとか、その見返りがどうだとかはいっさい念頭になく、ただひたすら自分の情熱を対象にぶつけていった。それはすでに自分ではなく、村全体、部族全体の情熱が自分をとおしてほとばしるという無我の熱中とでもいえるものだったにちがいない。だからこそあれほどダイレクトな感動を与えるものができたのだ。

縄文の心をもつ人が増えてほしい。

素朴を売り物にする不潔な奴ら。

地方の文化人たちは、自分たちの文化の素晴らしさがわからず、
最初から卑下している。
ぼくは東北の文化が好きでよく行くのだが、
たとえば秋田の文化は透きとおって、微笑ましく、美しい。
そのセンスはかなり高い。
ところが秋田出身の文化人や絵描きたちは、
秋田ってところは田舎で貧乏、ズウズウ弁で素朴なのが取り柄です、
などと、はじめから割引いた根性で言う。
ちっとも素朴じゃない奴らがそれを売りものにしようとする。
じつに不潔だ。

中央に媚びた〝地方文化〟意識。

それをまた逆輸入して、土地の人自体が奇妙な意識に縛られる。グロテスクの極みだ。

そういうエセ文化人が多いから、旅をするとき、ぼくは文献だとか歴史だとかいうものは信用しないことにしている。

文献などというものは、たいてい嘘っぱちだ。

文献なんかを読むより、その場に行って直観で感じることが大切だ。

だいたい記録に残るものなんて、たいしたもんじゃないんだよ。

ほんものは記録に残らない。

自分を純粋にぶつければ、ほんものは何千年、何万年を超えて胸に迫ってくる。

旅にしても文化創造にしても、自分の運命を賭けないかぎり、ほんものにはならない。

旅に出てなにかを見るときも、自分自身を直接ぶつけなければダメだ。

素人にこそほんとうが見える。

誤解しないでほしい。
私はけっして炯眼《けいがん》なんじゃない。
また芸術家だから訓練があり、発見できるんじゃありません。
無邪気に、素直に見れば、だれにだってはっきりしていることなのです。
なぜ、ふつうの人には見えないのか。
素人でいて素人じゃないからです。
斜にかまえて玄人《くろうと》的な見かたをしてしまう。
そして伝統なんて問題にしない、はだかの眼の正しさを、
自ら塞いでしまうのです。

素人こそほんとうの批評眼をもっているはずです。
玄人はいろんなことを知っています。

約束ごと、イワク因縁、故事来歴。

そんなものを知っていればいるほど、彼らはそれにひっかかり、本質にふれなくなる。

つまり彼らは鑑定家《エキスパート》であるに過ぎないのです。

名所旧跡の立札係にはけっこうですが、そのまま芸術の領域にまで立ち入られたのではかなわない。

ある屏風がたとえば宗達《そうたつ》作であるか、あるいはそう伝えられているけれどもニセモノだというようなことは、その作品自体の芸術的価値とはまったくかかわりがない。

ほんものであろうがなかろうが、良ければ良い、悪ければ悪いのです。

このように直接な素人の眼が、いつでも新しい現在的な芸術として伝統を今日に生きかえらせる根本条件です。

それこそ批評の本質なのです。


芸術の批評は純粋に価値に関係しています。

新しく価値を発見し、創り出す。
だからほんとうの芸術家はかならずまた批評家です。
だが絶対に鑑定家ではありえない。
そういうものには興味をもたない、運命的にもてないのが芸術家なんです。
でも、ひさしく鑑定家と批評家が混同されています。
今日の批評家のほとんどが、批評ではなく鑑定をしている。
しかもそれが、あたかも芸術的価値にかかわりあるかのように、
己れ自身に錯覚し、一般に押しつけているのです。
「ほんもの」だとか「ニセモノ」だとかいう言葉が、
芸術的、さらに道徳的価値基準にさえなっているのはそのためです。

全身を赤に染めたい。

私は幼いときから、「赤」が好きだった。
赤といっても派手な明るい、暢気な赤ではなくて、
血を思わせる激しい赤だ。
後年、私は原色、とりわけ赤をよく使い、その点で抵抗もあったが、
幼な心にすでに惹かれていたのだ。
その時分、赤は女の子の色だとされていた。
だから私はひそかに疑いを感じてもいた。
女の子の色が好きだなんて……。
だが赤こそ男の色ではないか。
激しさを象徴する。
自分の全身を赤に染めたいような衝動。
この血の色こそ生命の情感であり、私の色だと感じつづけていた。

「偉い人」になんてなりたくない。

ぼくは小さいときから、非常に純粋で特殊な教育を受けたので、当時の一般のこどもたちのように、陸軍大将とか総理大臣とかいうような「偉い人」になろうという考えはまったくなかった。

ただただ将来は芸術家になると漠然と考えていた。

文筆家か画家か、好きでピアノを弾くので音楽家になるか、はっきりしていなかったのだ。

ぼくの芸術に対する志向はひどく理想主義的で、世界の人を包容するような人格をつくりあげたいという願望に支えられていた。

内、外が一致した同質的世界を夢見るような気分だった。

ぼくは絵を楽しんだことがない。

芸術がすべてであるような家庭に育ち、画がうまかったために、将来画家になることを母親に決められていた。

ものごころのつかない時分から、過剰に芸術の先端的課題をつぎ込まれた。

やがて十五～六歳になり、まともに生きかたについて考えるようになったころには、幸か不幸かすでに芸術が重苦しく、けっして楽しくなかった。

この道を行かなければならないと思うと、むしろアンタンとした。

この出発の絶望感こそ私の運命を決定する。

今日画壇にあって私が異質であり孤独なのは、ひとつにはそこからきている。

多くの作家たちが青春時代に芸術にあこがれ、そのまま後年まで画を愛しつづけ、好きで描いている。

事実、そのような作品ばかりである。

だが私はかつて画を楽しんだことはない。パリ時代も今日でも。

よく芸術家の両親をもち、若いころから本場のパリに遊んだ幸運をうらやまれるが、私にとってそれらはすべて絶望的な条件だった。

私は久しいあいだ悔いた。

芸術にあこがれる奴らがいかに非芸術家であるか、芸術に絶望している者こそ真の芸術家であるということをたしかに直観はしていながら。

私はあまりにも若かったのだ。


パリで抽象芸術運動に加わり、さらにそれをのり超えて、新具象主義を唱えたりした。

しかし矛盾と孤独はやがて私を徹底的な虚無感に陥れた。

(「傷ましき腕」等一連の滞欧作品はこの時代を反映している)

それを克服するため、私はすべてを放棄し、己れ自身を客観的に突っ放してみようとした。

ソルボンヌに入り、哲学、社会学を通ってのち、より具体的な民族学に専念した。

帰納的で芸術とまったく正反対の方法論こそ、虚無感から自分を救い出す手段と考えたのだ。

そのころ、ジョルジュ・バタイユ等と親しく交わり、実存的な思想に共鳴した。

彼を中心としてコレジュ・ド・ソシオロジーを組織した。

ジャン・ヴァル、ジュリアン・バンダ、ド・ルージュモン、クロソウスキー、カイヨワ、レリスらが毎回討論に参加した。

私の対極主義の構想はこの時代に準備されたものだ。

芸術を突っ放したことによって、逆に私は新鮮な充実感を覚え、ぶつかってくる新しい課題に勇気と情熱を感じたのだが、そこにまたひとつの空虚があった。

いかに心を燃やし、己れを他と対決させようとしても、けっきょく抽象に終ってしまい、実践の社会的場がまったく稀薄であることに気づいたのだ。

はじめてありありと虚無感の正体がわかった。

私がいままで賭けつづけたのは弧独であった。

私は単なる芸術家であり、思索者だったのだ。

たしかに孤独は人間存在の本質的な一面である。

しかし同時に、もうひとつの極であり、その根柢を支えている、泥くさい根源的な現実がある。

それとの対決、両者の対極的緊張なしには、芸術も思想もあり得ない。

だから私は空虚なのだ。

そのときピンときたのは「日本の現実――泥」ということだった。

それを私は若くして去って以来、久しいあいだ抽象していた。

私は心のなかで叫んだ。

日本に帰らなければならない。

そして私をもう一度、日本の泥のなかでたしかめなければならない。

私は十余年の滞仏を打ち切り、日本に帰ることを決意した。

たしかに素朴で遅れてはいる。
だがほんとうに私に役割のあるのは、
日本の泥、私がそれまでふり返ってもみなかった現実、そのいやったらしさなのだ。

現実にぶつかることによって、私は虚無感をのり超え、明朗に、しかしより激しく世界観をつらぬくようになった。

芸術は全人間的に生きること。

その映画はまず、こんな質問からはじまる。
「なぜ、芸術家であるあなたが、マルセル・モースのお弟子になったのですか？」
――芸術は全人間的に生きることです。
私はただ絵だけ描く職人になりたくない。
だから民族学をやったんです。
私は職業分化に対して反対なんだ。

事実、私はそれをつらぬきとおしている。
絵描きは絵を描いてりゃいい、学者は狭い自分の専門分野だけ。
商売人は金さえ儲けりゃいいというこの時代。
そんなコマ切れに分割された存在でなく、宇宙的な全体として生きなければ、生きがいがない。
それはこの社会の現状では至難だ。悲劇でしかあり得ない。
しかし私は決意していた。
たしかにこのような考えはまったく一般的でないようだ。
ソルボンヌに通いはじめたころ、私はパリ在留の日本人画家たちから
ひどく悪口を言われた。
あいつは絵描きのくせに、鞄を下げて、大学なんかに行ってやがる。
バカなやつだ。
そんな暇があったら、デッサンの一枚も余分に描けばいいんだ、
絵描きは絵の仕事だけしてりゃいいのだと。
またカフェなどで本でも読んでいると、それがおもしろくないらしい。
フランス語の本なんか読んで、生意気な野郎だ、というわけだ。
いまでもいわゆる画壇はそんな雰囲気だ。
だから社会的・人間的な責任が欠落してしまうのだと思う。

ひとつの職業だけなんて卑しい、全人間的に生きろ。

芸術家なのになぜ民族学をやったのか。
私は現代社会の職能分化に反対だからだ。
人間が絵描きであったり、小説家であったり、あるいは靴職人である、
それだけだなんて卑しい。
ひとはもっと全人間的に生きるべきだ。

下手でもきみのやり方で踊ればいい。

職業が極度に分化された現代社会では、歌手だけが歌い、踊り子だけが舞う。一般の人は切符を買って入場し、坐っていると幕があがって歌がはじまる。このような職能分担・分裂はあらゆる分野に起こっている。歌を歌う人、踊りを踊る人、みな専門家になる。

かつて原始の時代には、どんなに声が悪くても、平気でだれもが歌っていた。宇宙を相手に、宇宙そのもののように、どんな下手な踊りでも踊っていた。だが、やがて社会が進歩すると、きみは下手だねといわれたりする。さまにならないから、別の用事でもしていろとか。

社会が発達してくるにつれて、踊りのうまい人だけが、年中踊りを踊っているようになる。そして、ますますうまくなる。

素人にはできないような芸が珍重される。

職人芸の栄えたヨーロッパの文芸復興期以後につくられた美術品や、日本の徳川時代の職人芸である漆を使ったものとか彫り物など、骨董屋や博物館ではたいへん高く評価されているが、ほとんどは卑しい不潔なものばかりで、見てもちっともうれしくない。

ところが、オセアニアやアフリカの原始芸術、カナダのエスキモーなどがつくったものを見ていると、ドキッとするほど感動する。

そこにはサインなんかない。

展覧会に出品するつもりでつくったものではないし、そもそも「芸術作品」ではないからだ。

たまたまイギリス人やフランス人、日本人が行って、煙草やビーズなんかと交換して本国にもち帰ってきて博物館に並べたから、変におさまってなにかしら「作品」のごとく、あたかも専門家職人がつくった感じがするが、みんな生活者が生活の必然からつくったものだ。

作品として他人に見せようとつくったものではなく、もっと必然的に、平気で、てらいもなく打ち出している強さがある。

無名性であるということ、言い換えればほんとうの素人であるということだ。

現代では、素人だってなにかつくるときには玄人の真似をする。

だからつまらなくなってしまう。

玄人の真似をしない徹底的な素人の感動を、私は「モーレツな素人」といっているのだが、それこそが芸術のほんとうの契機なのだ。


芸術は職能としてあるものではない。

本来は、真に純粋な生きがいをもって生きる、人間の姿、その人間像のすべてが芸術なのであって、「作品」なんかつくらなくたっていいのだ。

芸術即人間。

人間のほんとうの生きかたが芸術だ。

芸術とは、人間本来の生きる意味のように、無目的なのだ。

だが職能化したために、すべてが卑劣に、目的的になってしまった。

とりわけ商品だけを生産する社会システムでは、「芸術」も目的的だ。

商品に無目的的なものはなく、かならず目的的だからだ。

積みへらして生きているか。

人間の文化は過去の巨大な積みあげである。
しかし、ほんとうの文化には、同時に「積みへらし」という
強烈な作業がなければならない。
経験を重ねることによって過去の積みあげを否定していく。
だから積みへらしである。
人間文化の堕落は積みあげのうえにアグラをかいているからだ。
専門家、玄人になるよりも、猛烈なシロウトになることが
どのくらいむずかしいか、精神力が必要か。
とくに私はいわゆる専門、職業である絵とか造形の仕事では、
とりわけシロウトでありたいと決意している。
猛烈なシロウトのつくるものだけが、新鮮な驚き、
よろこびの神秘を現出するのだ。

自由をつらぬく。レッテルを貼られても、生きるスジは渡さない。

軍隊での教育はまったくそれまで私のつらぬいてきたスジとは正反対だった。
やがて「自由主義者」というレッテルを貼られた。
これは軍隊ではもっとも恥ずべき、叩き直さねばならない奴という意味だ。
たしかにそうだったのだ。
私は意識・無意識に、あの非人間的システムと闘いつづけた。
闘うことの許されないところで闘う。
自分自身をもっとも悲惨な状況にぶち込むことによって、
むしろ自分を救おうとしたのである。

「四番目主義」はその象徴的行為だ。
夜、就寝前、とつぜん班長の命令が響きわたる。
「並ベッ」「下士官室に集合ッ」
さあはじまった。
すでに眼をひきつらせたS兵長の顔に、赤いブチが不気味に現われている。
右手には握りしめられた帯剣の鉄のサヤが、黒々と、冷たく光る。
これで力いっぱい、滅多打ちされるのだ。
胸のつまる思いで、分隊の十数名がみな薄暗い部屋に入って整列する。
淋しい石油ランプのまたたき。
「一列に並べ。貴様らの今日のザマはなんだッ。一人ひとり、名乗って出てこい」
班長は身構える。そして順々に出ていく初年兵を力まかせに引っぱたく。
倒れる。うなる。
何度も経験しているうちにわかったのだが、最初になぐるときはまだ調子が出ていない。

気ばかりはやって、外れたり、効果的にきまらない。二人目もまだ。

三人目くらいでそろそろ調子が整ってきて、いちばん猛烈なのが四人目だ。

また六・七番目以後になると、やや情熱が冷めてくる。

殴りあきたという感じで、それでもしかたがないから、終《しま》いのほうは員数で片づけておいて、「よし、帰れッ」「帰ります」。

よろよろどたどた、血だらけになった集団が解放されるという仕組みである。

私は決意した。

「よし、どうせならいちばんひどいときにオレが出てやる」。

私は四番目に出ることを心に決めた。

みんなの犠牲になってやろうなんて殊勝な気持ちではけっしてない。

ただ、どん底に落とされた自分を逆にためす、「オレは最悪を引き受ける」そう賭けたのだ。

しかしいよいよとなると、さすが総身から血が引く。眼をつぶる。

……一人目、うーっ、ドタン。

……「なんのだれだれ」「この野郎ッ」アアッ、ギャアッ、バタン。
……「これしきのことでなんだっ、立てっ」なんて物音をじっと心に噛みしめている。
……一人、二人、三人、よし今度だ。
最後にぐっと下っ腹に力を入れて、パッと前に出ようとする。
トタンにハッと思う。
膝小僧がガクガクッとして、思わずノメッてしまうのだ。
頭と精神では耐えていても、身体は怯《おび》えて、恐怖に負けてしまっている。
気力はあるが、肉体はこわいのだ。
だが、バランスを取り戻し、突っ立つと、
「陸軍乙種幹部候補生、岡本太郎ッ」。
「ようし」。グワン、と右から入る。
だがビビビッと炸裂するのはそこではない。
反対側の、頬から三〇センチほど離れた空間に火が噴くのだ。
ときには瞬間に気を失う。

ハッと気がつくと、土間に尻もちをついていたり、眼の前にそいつのぶちになった顔が「立てッ」とどなっている。

またフラフラと立って、やられる。

その時はもう痛みと、肉体的な抵抗のほうにすべてが集中してしまう。

だから気分はむしろ楽なのだ。

飛び出す瞬間の恐怖、瞬間の虚脱感は、異様で、真空のような実感であった。

このようなむなしい、どうにもならないなかにいて、弱気になって逃げようとしたら、絶対に状況に負けてしまう。

だから逆に、挑むのだ。

無目的に、まったく意味のない挑み。

それこそが私の生きるスジだった。

私はそれからあらゆることに四番目主義を固守した。

死の本能を生きる。

〃生の本能〃に対する〃死の本能〃。
本能といえば、生きる方向へのダイナミズムでなければならないはずなのに、
それにストップをかけ、押しとどめる力。
だがこの逆説的なテーゼが、私を強烈にひきつけ、納得させる。
そのころの私の精神状況に、深く応えるものがあったからだ。
私はひどく孤独だったが、いのちをたしかめながら生きている。
生きようという生命感がほとばしり、あふれるのを感じる。
しかしそのくせ、それだけではなにかほんとうでないような……。
まだ若くて、ほんとうに生きることを知らないのに、
生命力に圧倒されながら生命を信じない。複雑な思いだった。
だから〃死の本能〃という命題を突きつけられて、
電光がひらめくように、これだと思ったのだ。

生の裏に黒々とした死の本能があるからこそ、
生きがい、生命の歓喜が燃えあがる。
急に私の生きる意志自体がひきしまる思いだった。

私は〝生〟だけに賭けて、ぐらつきどおしだった。
〝死の本能〟を、生きることと同時に掴んだとたんに、
抑圧されたもの、そして私を不自然に押しとどめていたものが、
逆に自分を突き進めていくエネルギーとして感じられるようになった。
死に向かってこそ突き進まなければならない。
私はニルヴァナ（涅槃《ねはん》）とかキリスト教的楽園というような、究極的なハーモ
ニーなどを望んではいない。
生きる限り、生と死の矛盾、その解決・統一を無視したドラマに
身をぶつけていきたいのだ。

この世界はきみであり、きみは世界だ。

この世界は自分であり、自分は世界である。

この世に生きているかぎり、こういう絶望的な絶対感はだれもの身の内に燃えつづけている。

大地の奥に火が燃えさかっているように。

生きることを決意した自分の内にも火焔《かえん》は暗く燃えているのだ。

地底の火。

生命の火。

眼に見えない、隠され、覆われながら、しかし烈々《れつれつ》と燃える。

それは共通の火だ。運命につながっている。

だから、ある日とつぜん地殻を割って強烈な火が天空に噴きあげるとき、ひとは根源的な恐怖感と同時に、己れの内なる火の激しい動揺を覚える。

ひともまたこの現実において爆発し、噴きあげなければならぬ。

共震が腹の底に響く。
この冷たい岩や泥に覆われた火。
そして冷たい運命、障害に包まれた人間の内なる火。
覆われながら、その内部において猛烈に燃えている。
だからこそ、神秘であり、神聖なのだ。

悲しみや喜びをつらぬく自由な神秘の力。

人間は悠久の昔から、瞬間瞬間に、限りない夢をひらきながら生きつづけてきた。

生活のなかのすべて——天を仰いでも、大地にふれても、樹、岩、水、動物、自然のあらゆるものから、さまざまのイマジネーションが湧きおこり、それがやがて凝結すると、新しいイメージ、形が生み出されてくる。

古代の文化遺産などに接するとき、その凝集の、衝撃的な創造の瞬間が、なま身に響いてくる思いがする。

今日、われわれはとかくそれらを「芸術」の枠のなかで見ようとする。美としてだけ観賞したり、商品として値ぶみしたり。

だが、かつての創造はそれとはまるでちがった、神聖な、超越的世界との交流の呪力《じゅりょく》をもった架け橋だった。

人間はつねになんらかの形で神秘な存在と結びあっている。

たしかに生活のなかにはさまざまな条件が絡む。

悲しみも喜びも。

しかしあらゆる状況を超えてつらぬくものは生命の絶対感である。

現代人の思考はなんといっても近代ヨーロッパで発達した理念、基準の枠の内にある。

「合理」「進歩」、そのスジを抜けられない。

なにか計算ずくになる。すべてを頭で判断し、証明しようとする。

その枠をはずれたものは非合理として無視される。

自由な、神秘と直結したスジは忘れられ、埋もれてしまった。

世界のさまざまの地域で、それらは深い呪力をもって生きていたのだ。

「呪」などという言葉を使うと、今日ではいささか忌《い》まわしいもののように思われやすいが、人間と超自然との純粋できびしい交流のルートだ。

存在の奥底にひらき流れる血脈。
現代人の日常からはとっくに失われているが、しかし実はわれわれの
心の奥深くに、初源的なこの感動はなお生きつづけているはずだ。
生命、そしてそれを超える神秘に、直接的にコミュニケートする色・形。
たしかに生活環境はまったくちがってしまった。
しかしあの根源的な火は燃えつづけている。
たまたま、遠い昔の、あるいは地球の向こう側の、思いもかけなかった
なにかに触れると、全身が炎を噴きあげる。
それは瞬間の自己発見でもある。

第3章 壁をこえて生きる。

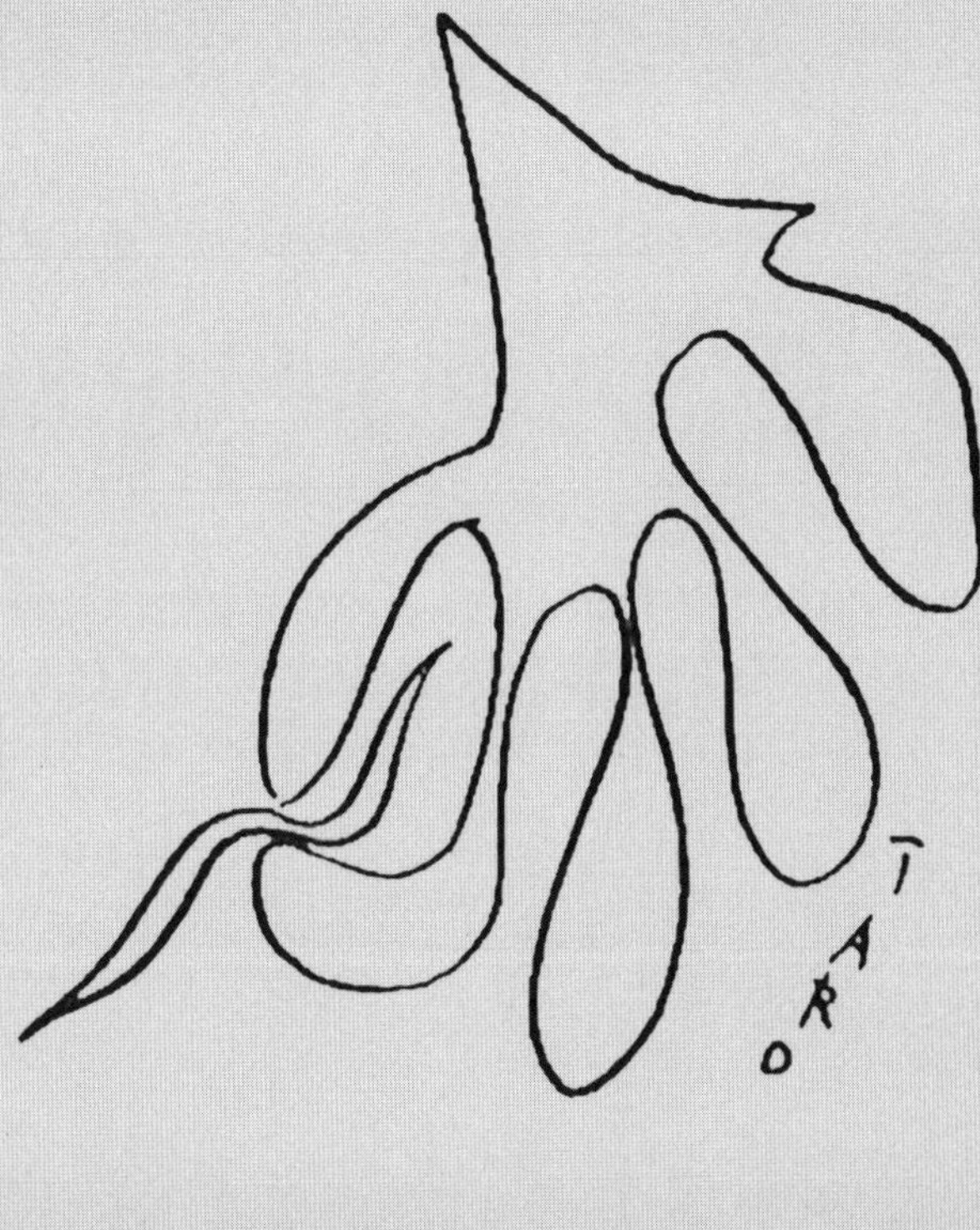

意味なんかあるものか。

意味なんかあるものか。
わからんところがいいんだ。
わかってしまっては頭になにも残らない。

芸術ってのは判断を超えて、
「なんだ、これは!」というものだけが本物なんだ。
「ああ、いいですね」なんてのは
「どうでもいいですね」ってことだよ。

行動が、力が、創造が、魂を打つ。

美ではない、行動であり、力である。
つまり創造である。
それのみがわれわれの魂を打つ。

無限に対するノー。

芸術は無限に対してノーという。
自分自身をひっくるめて。
それは反抗ではない。
エネルギーの無目的的な爆発なのだ。

計算を超えろ、目的を持つな。

いつでも計算を超えた、無目的の闘い、
あらゆる対象への無条件な挑戦をつづけることが人間的であり、生きがいだ。
芸術もそこにある。
しかし、いまは芸術までが政治や経済とおなじようにシステム化され、
惰性的に流れている。
そこにぼくは憤りを感じているんだ。

完成を求めるな。未熟が歴史を創るんだ。

円熟や完成はけっして
歴史をクリエイトする条件ではない。
未熟こそ芸術であり、歴史を創り得る。
それは己れのうちに対極を掴みとり、
己れ自身が既成の芸術伝統に対し、
そしてまた対社会的に異質を
決意することによってのみ可能である。

時代と芸術に殉ずる決意。

すでにのり超えていなければ、永遠にのり超えることはできない。
要は己れの置かれた時代と新しい芸術の宿命を正しく洞察し、
それに殉ずる決意である。
けっして完成することが芸術ではない。
未完成には未完成の決意がある。
己れの現在的未熟を正視し、
全責任を負うことが芸術の本質なのだ。

生きぬこうとする気配から新しい芸術がはじまる。

ほとんどすべての日本人が、芸術なんて高級なものは自分と関係ないと思いこんでいるし、また事実、関係なく生きているといってよいだろう。しかし私は、それがかならずしも悪条件だとは思わない。

長いあいだ、封建制から戦争に至るまで、眼、耳、鼻、口をぜんぶつぶされて、見通しもなくうごめいていた。

しかし、勤勉で、ヴァイタリティをもちつづけている。

こういう日本人のような民衆にこそ、いったん火をつければ白炎を噴いて燃えあがるエネルギーを予感するのだ。

かえってパリみたいに、富と文化に満ちあふれ、芸術に明け暮れているようなところがかならずしも芸術創造にとって幸運な場だとは思わない。

むしろスポイルされる気分を感じとる。
現代日本を美として捉える必要はない。
日本美とか、既成の美術品は単なる参考品でしかない。
それよりもこの世紀において、悲劇的であり、だが誠実である民族の
生気にふれ、こういう条件のもとに生きぬこうとするその気配から、
新しい人間の生命力、その可能性を見とる。
そこから新しい文化、芸術の問題がはじまるのだ。

ひとの眼なんか気にせず、自分を自由に爆発させる。

よし、オレはこの人生を生きよう、
なんて考えながら生まれてくるヤツはいない。
こどもになってから、オレはなんでこんな世の中に生まれてきたんだろう、
なんて人生に絶望するヤツもね。
五つ六つのころまでは、自分を自由にバァっと爆発させているだけだ。
コップを投げたり、転がしたり、駆けずりまわって叫んだり。
絵を描きたがるのも、自分のなかにあるものをバァっと爆発させたいだけ。
自由な色使いだってそうだ。
ところが、七つ八つくらいになると、だんだん人の眼を気にするようになる。
それまでのように絶対感で自分自身をとらえることができなくなるからだ。
ものごころがつくと人間はダメになる。

じっさい五つ六つくらいまでのこどもの描く絵はじつにすばらしい。

ピカソも岡本太郎もかなわないんじゃないかっていうくらいにね。

すごい色や形を爆発させる。

最初から世間的な価値をのり超えている。

だから芸術なんだ。

それがものごころついてひとの眼を気にするようになると、樹には幹があり、幹には枝があり、枝には緑の葉っぱがついていて……というところから絵を描くようになる。

だからつまんないんだよ。

あげくに「おまえ、絵が下手だな」なんて言われると、「恥ずかしいからやめる」となる。

中学生の絵なんてひどいものだし、高校生になると見るに耐えない。

たしかにうまく描いてはいる。俗にいう〝うまい絵〟だ。

でもじっさいは、うまいってことはつまらないってことだからね。

それまではひとの眼なんか気にしないし、自分の眼だって気にしなかったのに。

ただ自由に描けばいい。

絵というものは、とにかくうまくなきゃいけないという考えがはじめからあったわけですよ、習慣上ね。
絵を描くという気持ちは、非常に自由な気持ちで、だれでももっているはずのものなんだ。

ところが、うまくなきゃいけない、まずいのは笑われるってことになると、まずいということは、対社会的なひとつの弱みになるから、おとなになるにつれて、こどものときのように、自由な気持ちでは、絵を描かなくなる。
つまりね、社会人になると、描きたい絵も描けなくなるし、会社へ行きゃ、上役からおさえられる。塞がれちゃっているわけですよ、眼も耳も口も。

まずい絵を描けってのは、そういうひとたちに対して、いちばん明朗で、自由で、簡単で、こどものときからもってるもの、それの窓を開けてやるつもりで言ってるんです。

もうひとつは、どんなに絵がまずくても、そのひとにほんとうにすぐれた自由感があり、すぐれたセンスがあれば、うまい絵描きが描くよりもはるかにすぐれた色や形が出てくる。

これはもう、周囲のひとにも自分にも、非常に貴重なものなんです。

そういうもので、社会人の生活を明朗化すれば、ひがんだり、ひとの噂をしたり、悪口を言ったりするような、世の中を前進させずに引き戻すようなものがなくなってくると思うんですよ。

芸術こそが生活だ。傷つくことが生きることなんだ。

芸術こそ生活なのだ。
なぜ芸術によって激しく傷つけられないのか。
芸術に傷つくこと、じつはそれこそが生きることであり、
それによって生活の真のあり方も把握することができるはずだ。
芸術とはそういうものなのだ。

芸術は分別ではない。
無意味で、あまりにも無邪気な、エゴサントリックな、
純粋な苦悩にこそ、芸術の本質的な契機がある。
芸術家は芸術と現実の矛盾に身を挺し、
ますます大胆不敵に芸術を決意し、

現実に挑まなければならぬ。
それが徹底すればするほど現実の制約も強力となり、
芸術家はのっぴきならないほど、
芸術によって傷つけられるのである。
作品はそのなまなましい傷口なのだ。

その激しさが、生活の面ではたくましく生きることになる。
矛盾によって現実を主体的に把握する積極的なダイナミズムこそ、
芸術を真に生産的たらしめるのである。

悪口こそ望むところだ。

社会全体の基準が敗戦によってひっくりかえされたはずだ。
にもかかわらず美術界は昔のままに閉ざされている。
不思議なことに、これだけモラル、生活、なにもかもが崩れたのに、
戦前の番付どおり。虚偽のピラミッドがふんぞりかえっていた。
私はこの状況を見すえて孤独の闘いを開始した。不可能に挑むのだ。
作品が人に好かれ、売れなければ、食っていけない。
だから絵描きは他人の評価を前提に仕事をする。
日本ではけっしてオリジナリティを認めない。
なんでも時代の状況にあわせ、一般の基準に従わなければ許されないのだ。
あえて己れのスジをつらぬき「ノー」と言うこと。
それは即この社会から消されることだ。
しかし、たったひとりで、だからこそ挑まなければならない。

私はそれを契機として、すべてを変貌させようと決意した。

私は灰色の世界に向かって、まず原色をぶつけた。

美術界では原色なんて女、こども、下司下郎の好みだとされていた。

つい先ごろまではそうだったのだ。

アメリカから十年ほど前に、サイケ調というどぎつい色調が入ってきて、とたんに原色ＯＫとなった。だがそれはずっと後の話だ。

私はとうぜんひどい悪口を浴びた。

あの色感の悪さ、色音痴とまで言われた。

私を認め、支持する人まで「あなたはなぜあんな原色を使うのですか。あれだけはやめなさい」と、心を込めて諫《いさ》めたくらいだ。

悪口こそ望むところだ。

ますます理解を超える色、線、形で、『夜明け』『重工業』『森の掟』と画壇に反感をかう大作を描きつづけた。

だからこそ逆に問題になった。

許された自由と獲得した自由。

こどもの自由画とピカソの絵はどうちがうのか。
こどもの自由は許された自由で、ピカソの自由は獲得した自由なんだ。
もっともピカソもまた許されている。
青の時代からキュビズムのあたりまでは獲得した自由だったが、
それ以後はだんだん許された自由になってきている。
ほんとうの芸術とは、獲得した自由と許された自由が
渾然と絡みあったもの。
しょっちゅう痛めつけられたゴッホが、最後まで許されなかったのは
彼の悲劇だ。
だが、許されないまま最後まで自由を獲得しようとした凄みが
ゴッホにはある。

日本の悲劇はその両方がないということ。
獲得する自由に対しても自由がないし、
与えられる自由もない。
両方の自由がなければ、
いつまで経っても日本独自の文化や芸術は
生まれてこない。
ぼくはいま自由を獲得している段階だが、
だれからも許されてはいない。

ピカソだけが偉いと思うな。

十九世紀末から二十世紀前半にかけての画家、なかでもピカソが主なんだけど、ものを解体していったでしょう？

いままではふつうの人間だったのを、鼻をとっちゃったり、眼をとってどこかへやっちゃったり、あるいは人間のからだをバラバラにした。

つまり、有機的なものを分析して、どんどん破壊して、いわば無機化するというかたちなんですよ。

そういう行きかたに対して、これからのほんとうの芸術は分析し破壊しつくされたもののなかから自由に選び出し、そこから再構成していくということ。

無機的な要素から、有機的なものをつくりあげていく。

ピカソが偉かろうがなんだろうが、こちらにはこちらの問題がある。
ピカソだけが偉いという考えをもっていると、
いつまでたっても問題が進まない。
しかしね、それは日本ではタブーになっていて、
いつまでもみんながピカソ圏内から出られないんですよ。
ところが、ひとりの人間がはっきり「のり超えている」と言えば、
あさましいもんでね、「あいつが言うんなら、おれだって……」
ということになるんじゃないかと思うんだ。
どうも、ここまで底を説明しちゃうと、
ぼくが憎まれなくなって、力が弱まっちゃうので困るな（笑）。

偉大だからこそ堂々と挑む。

わが国に紹介されて以来やがて数十年、ピカソは神棚に祀《まつ》られた不動の存在であり、その権威は理解・無理解を超えて人々を跪《ひざまず》かせている。盲目的な讃辞はおびただしく捧げられたが、厳しい批判は耳にすることさえない。

まして、作品のうえで対決するというたくましい気魄《きはく》などまったく思いもよらないごとくである。

なるほど神様に因縁をつけるなどというだいそれたことは醇風《じゅんぷう》美俗に反するからであろう。

しかしそのようなモラルにわれわれの新鮮な情熱の自由を譲り渡すべきではない。

われわれにとってもっとも偉大であり、太陽のごとき存在であればこそ、かえって神棚からひきずり下ろし、堂々と挑まなければならないのだ。

神様ピカソをただ誉め讃《たた》えるのは容易であり、また安全だ。外国の権威を讃えてわがもの顔に解説し、専売特許のごとく振舞うことは、単に口を糊《のり》するばかりでなく、権威になるもっとも安易な方法である。マチスが来たといっては派手に感激し、また臆面もなくピカソの作品の前で忠誠ぶりを発揮し、「とても及びもつきません」と頭を下げ、まったく己れの立場などないようにしてみせるのが、かえってもっとも効果的な方法だとさえ考えられているようだ。

自身の力で己れを権威とするのではなく、公認された権威をかつぎまわり、その威光をかさに着て権威づらをする、このうんざりする気分のうえに日本現代文化ののっぴきならない変態性が表れている。

私は繰り返して言う。

ピカソが今日われわれを揺り動かすもっとも巨大な存在であり、その一挙一動がただちに、歓喜・絶望・不安である。

ならばこそ、あえて彼に挑み否定し去らなければならないのだ。

なま皮をひっぱがして、自由なイマジネーションを噴きあげる。

私はいわゆる美術品に興味がない。

芸術家でありながら、展覧会に行ったり、画集をひらいて見るなどということは、むしろ苦痛だ。

それらは狭い枠のなかに窒息してしまっている。

なにか惨めな気がする。

人間の生活はいつも全体であり、幅いっぱいにあふれ、膨らんでいるはずなのに、その一部だけを引き抜いて固定し、形式化して味わうのだ。

白々しい。

また、芸術論とか美術史と称して体系づけるむなしさ。

今日、芸術自体が壁にぶつかってしまっている。

人間生活に「芸術」がほとんどなんの力ももっていないことは、

だれでも感じているだろう。

この芸術の疎外感はいったいどうしたのだろう。

進歩進歩でひたすら流れていく社会体制のなかにありながら、芸術こそ、社会の部品である空虚感を脱し、時空を超えて人間再発見をしなければならない役割にあるのに。

「美術品」や「芸術」の、あのよそよそしさ。

そのなま皮をひっぱがして、自由なイマジネーションを噴きあげるべきだ。


美術史というのも奇妙だ。

いままで「世界の美術」として通用していたのは、西欧中心のまったく偏った組み方であり、世界全体の重みに応えてはいない。

今日、西欧的な美の伝統は、社会の諸条件とおなじように行きづまっていると思う。

たしかにひとつの文化、そのあり方、質によってつらぬかれ、コンデンスされた構築物だったかもしれないが、それとはちがった生きかた、美の伝統の広大

ならない。そして、その時に、その関係がどのように変化するかを見ることで、美を
な領域を捨象してしまっている。

西欧の眼だけから見た世界であり、しかもその美学が中心になっている。

そして、彼らの「時間」によって捉えられた流れであるに過ぎない。

ほんとうの世界観は、現時点、この瞬間と根源的な出発点からと、対立的である運命の両極限からはさみうちにして、問題を突きつめていかなければならないはずだ。

歴史は瞬間に彩りを変えるだろうし、美術は、美学であることをやめて、巨大な、人間生命の全体を覆い、すくいあげる呪術となって立ち現れるだろう。

人類の運命を眺めわたし、その深さをさぐると、そこに絢爛《けんらん》と、凄みをおびた文化の色・形がぎっしりつまっている。

ところがまたその裏に、無限の虚が口をひらいている。

私はそのほうに、かえって息のつまるような実体の予感、神秘感をおぼえる。

より根源的だからだろうか。

顔は宇宙だ。

顔は宇宙だ。
顔は自であり、他であり、全体なのだ。
そのど真中に眼がある。
それは宇宙と一体の交流の穴だ。
たとえ土でつくられていようが金属だろうが、
生きた、ナマの穴なのである。
世界の美のあらゆる層に、なんとさまざまの顔があり、
また眼があるのだろう。
まん丸い眼、尖ったの、凹んだ穴ぼこ、あらゆる眼がにらみ、
挑みあい、絶対をたしかめあう。
ひとつの顔の宇宙のなかに、また無限の顔、そして眼玉が光っている。
言いようのない実在感をもって。

ほんとうの意味で生きるとはなにか。

われわれ現代人は仕事をもっていることで生きがいがあると考える。
オレは人生においてなにかをやっている、社会のために役に立っている。
だからオレの存在は正しいし、存在意義があり、したがって生きがいがある。
生きていて恥ずかしくないと考える。
しかしポイントをかえて逆の考え方をしてみたらどうか。
祭りをするから、モーレツな消費をするからこそ生きがいがあるのだと。
祭りをするときこそ、ほんとうに人間が人間になる。
我を忘れる生きかたができてはじめて人間が人間を超える瞬間を見出しうる。

人間は一人ひとりではなく全体である。
どうしてそうなるか、
人間が人間を超えた世界と交通するからだ。

そういう宗教的な、またメタフィジカルな、自然、神、どう言ってもいいが、
つまり世界の神秘と合流するのが祭りの核心だ。
自分を超えたものと合体する——それはたいへん神聖な、神秘的な営みである。
人間が自分の全体像を、ふだん見失っている絶対感を獲得する。
それでなければ人間はほんとうの意味で生きることができない。

その中心には、神というか、自分を超えたものがある。
それが人間の生きかたにおける神秘だと思う。
祭りは無責任なバカ騒ぎじゃない。
もっとも積極的な、緊張した営みだ。
人間が人間になるときであり、人間が人間を超えるときだからだ。
人間が人間を超えるときこそ、人間が人間になるときなのだ。

美は時空を超える。

まさに「美」は時空を超えている。
形式を追い、時代の枠にはめて考えるなんて意味はない。
それは受けとる側に、現時点でのまったく新しい生命感として、
瞬間にひらくものだからだ。
また私が日本人だから、縄文は近く、ケルトやマヤは遠いというような
距離の問題でもない。
無心に己れをひらき、個性をつらぬいて宇宙に挑む。
その挑み方において、響きあう世界が現存する。

すべての人間には全存在をかけた独自のポイント、
宇宙と合体する「眼」がある。
神秘に通ずる回路は、一人ひとりが発見し、創り出すものなのである。

はじめに怒りありき。

はじめに怒りありき——私はそう言う。
はじめに神があった、ほとんどの民族の創世神話はそうなっている。
しかし、私は、まず怒りが爆発したと考える。
人間は全存在的な力をもって己れに耐え、抑える。
瞬間に、己れ以下であり同時にこれを超えた存在、対象として、
神の出現を見た。
怒りと闘いの条件、相手として。そう思う。
人間が自分を超えて、世界に、宇宙に無限のひろがりを掴みとる。
つまり人間が人間になることだ。
そのとき意志と感情の爆発に耐えなければならない。
爆発といっても、火薬が炸裂するというような単純さではない。
静かで、透明で、神秘のスジが宇宙を覆うような、そんな精神のひろがりだ。

ここから再出発しなければならない。

縄文文化はやはり私の奥底に生きている。

あの激しいいのちが、気が遠くなるほどの昔、歴史の暗やみから、生きつづけてこの心に伝わってくる。

私が縄文を発見した瞬間から、熱気と戦慄《せんりつ》をもって根源の感動が脈打ちはじめた。

これだ、と思った。

ここからの再出発。

およそ「日本的」でない、いわゆる「日本」とは一見正反対にさえ見えるこの始源から、徹底的な抵抗を前提として、私は、そして日本の現代文化は、再出発しなければならない。

それは、私にとって誓いであった。

第**4**章　ベラボーに生きる。

なにが楽しいものか。

極論すれば、かつて人間は祭りのために生きていた。
それがいまではどうだろう。
会社であくびをしながら退勤時間を待つ。
隣がクルマを買ったから自分も買う。
行かなければ話ができないとの理由で行楽地へ出かける。
そして「ああ、楽しかった」という。
なにが楽しいものか。
まったくの幻想だ。
真の遊びとはほど遠い。

ぶつかりあうのが調和だ。

オレは進歩と調和なんて大嫌いだ。
人類が進歩なんかしているか。
原始のもののほうがずっといい。
縄文時代やラスコーの壁画を見ろ。
あんなの現代の人間につくれるか。
ことに近代以降はどんどん落ちているだけだ。

調和？
お互いに頭を下げあって、相手も六割こっちも六割、それで馴れあう。
そんなものは調和じゃない。
ポンポンとぶつかりあわなければならない。
その結果、成り立つものが調和だ。

孤独な反抗こそ祭りの神聖感の本質だ。

私は万博に協力する。

しかし妥協したり協調するつもりは少しもありません。

象徴的に、たとえば太陽の塔。

この太陽の塔は、ある意味では一種の犯罪行為と言えるかもしれない。

こういう大きな国家事業に要求されるスタイル、いわゆる日本調とか伝統的な美感をいっさい否定しているし、同時に、進歩派のコンプレックスである、西欧的なかっこよさ、モダニズムをかけらも感じさせないからです。

現代日本のいわゆる良識が寄りかかっているふたつの判断基準を、犯罪的に裏切っている。

このような孤独な反抗こそ人間的であり、そこに祭りの神聖感の本質、意味があると信じるからです。

技術的にいえば、丹下健三をチーフとする建築家グループの極度に合理的で巨大な大屋根を、太陽の塔がぶち破り、「ノー」と痛烈な破調で叫びながら天にのびている。

人間的情熱です。

私の万博参加はすべて対決のかたちで盛りあげるつもりです。

要は与えられた条件にいかに抵抗し、新しい現実をつくり出すかということにある。

私がネクタイを嫌悪しながらネクタイを締め、鉄道の切符を買うとき、言いようのない屈辱感をおぼえながら、耐える。

そういう矛盾律のうえに正面きって生きている人間であることは御存知のとおりです。

つくりものじゃない、いまの世界に生きている。

進歩ってなんだ、調和ってなんだ。
ぼくは自己流の解釈で自分なりのものをつくった。
日本人の曖昧さ、テイのいい調和なんてものは大嫌いだ。
妥協は調和じゃない。
地下展示の〝過去〟の部分では、人間の根源である、
はらわた、いのちを追究した。
世界中で集めた仮面や神像の展示はつくりものじゃない。
いまの世界に生きているものなんだ。
すごいボリュームだろう。
人間のうめきが聞こえるようだろう。

失敗したっていいじゃないか。

くれぐれも言うが、優等生の答案みたいなものをつくってもしょうがない。
日本人にいま欠けているものがあるとすれば、ベラボーさだ。
チャッカリや勤勉はもう充分なのだから、
ここらで底抜けなおおらかさ、
失敗したって面白いじゃないかというくらい、
スットン狂にぬけぬけした魅力を発揮してみたい。
日本人の精神にも、そういうベラボーな広がりがあるんだということを
まず自分に発見する。
今度の大阪万博が新しい日本人像をひらくチャンスになれば嬉しい。

ベラボーなものをつくる。

万国博の仕事を引き受けるとき、
私はベラボーなものをつくると宣言した。
右を見たり、左を見たり、
人の思惑を気にして無難なものをつくってもちっとも面白くない。
みんながびっくりして、「なんだこれは！」と顔をしかめたり、
逆に思わず楽しくなって、ニコニコしてしまうような、
そういうものをつくりたかった。
万博の中心にそびえる太陽の塔は、
その目的に達したようだ、と自負している。

なにごとによらず、人に好かれよう、
褒められようとしてやることはむなしい。

好かれて当然、当てが外れれば自信を失い、みじめになる。
そんな配慮ははじめからケトバしてしまえ、
というのが私の信念だ。
それがほんとうの芸術だとも思っている。
一貫して、人に好かれないことを前提に仕事をしてきた私は、
できあがったものが好かれようが嫌われようが構わない。
できあがった時点からもう、私には関係ないからだ。

他人の眼ばかり気にする根性をぶっつぶす。

自分のやりたいことをやらないで、
他人の眼ばかり気にするのが日本人だ。
そういう根性をこの際ぶっつぶしてしまうことだ。
万国博は、ある意味で開びゃく以来のムダづかいなんだ。
その大ベラボーなムダが、これまでの日本人の性格に、
なにか広がりを与えるだろうと、ぼくは期待している。

ニューヨーク、パリの影でない日本。

今日は、なんといってもすべてが西欧風のモダニズムを基準にしている。芸術も、ニューヨークやロンドン、パリを向いている。でなければその単なる裏返しである、いわゆる「日本調」、伝統主義だ。それらに対して、ノーと言うべきだ。断絶しなければならない。この一九七〇年の時点で、ここにこそひらく、独自なもの。古今東西、どこにもけっして無かったし、これからもおそらくつくられないであろうようなものを、いまここに生きている者の責任と情熱で、挑み、突きつける。

五重の塔ではない日本。
ニューヨーク、パリの影でない日本。

カッコいいといわれるもの。

いま日本で美しい、カッコがいいといわれているものは、すべて西洋の美の影響を受けている。

文明から取り残された未開の人たちにこのカッコよさ、美しさが理解できるだろうか。

私は近代工業をもたない国の人たちにもわかる展示にするため、日本の縄文文化、中国やメキシコの古代文化における人間の力強さ、神秘性、原始的な美に眼を向けた。

大衆からの批判、助言を得て、この構想に肉づけしたい。

自分に基準をもて。

われわれは根源的なものをもっていたはずなのに、
明治百年の間に忘れてしまって西洋一辺倒になった。
価値を自分のなかに置かず外に置いて——
パリやニューヨークばっかりに眼がいっている。
自分のところには基準が不在で、
向こうに基準があるような風潮になっていることに対して、
ぼくは腹を立てているからね。

日本調は日本じゃない。

提灯《ちょうちん》だとか、畳だとか、そういうものをもってきて見せると、
西洋人がワンダフルという。
自分たちのところにないものだからだ。
だがこれはおかしな話で、現実の日本を見れば、
提灯なんてお祭り以外に吊っているところはないんだし、
そもそもそういう時代ではないわけで、
つまりはほんとうの意味での日本ではない。
とかく、日本風、日本式、日本調というものにこだわるけれど、
ぼくはこういうものは日本じゃないと思う。

誤解——おおいに結構だ。

誤解——おおいに結構じゃないか。

いったい、理解したといっても、自分の持っているカードと相手のカードが合って、納得しただけじゃないか。

なかなか理解できないところから、おれはいったい何だろう——と考え込む。

それがひとの血となり肉となる。

それに日本人は、外国人に〝ワンダフル〟と言われそうなものばかりつくりたがる。

ボクはそれを、ぶちこわそうとしているんだ。

創造するエネルギーが文化だ。

カルチャー(文化)とは土を耕すことだ。
土着の人間が力をもってはじめて、文化はエネルギーを発散させる。
現在は美的水準を東京におき、地方が東京を中心にして美を感じる
——錯覚の時代だ。
東京はニューヨークを基準にするからますます悲しくなる。
文化の官僚システムに腹を立てぬインテリどもが多すぎる。
といって地方の職人が古いものを捜しまわって
文化人ヅラをするのも気にくわぬ。
だれも真似のできぬものを創造するエネルギーを文化と言いたい。

個性的だからこそ普遍性がある。

太陽の塔をつくったとき、芸術家の反対運動が起きた。
国の広場と金を使いながら、
あまりにも岡本太郎的なものをつくるのはけしからんと。
なにを言ってるんだ。
個性的だからこそ普遍性をもつんだ。
日本人の常識では、一般性をもたないと普遍性がないらしい。
冗談じゃない。
瞬間瞬間に絶対的に生き、瞬間瞬間に変貌していくのが
精神であり、芸術であり、存在なんだ。
人の眼を気にしたり、感情をねじ曲げたりしたら、
全部がまちがっちゃうんだよ。

情熱は無条件にひらく。すべてを瞬間にぶつける。

太陽の塔に限らず、ものを創るとき、情熱は無条件にひらく。

そのときには、残る、残そうなんて、微塵《みじん》も考えない。

ただ存在のすべてを瞬間にぶつける。

自分でさえ、よくこんなものと思うようなのを、絶対感で創り出す。

好かれようなどと思うと、すっと情熱が冷めてしまう。

人の眼を気にしてつくるものは、美術品にはなるが芸術ではなくなるというのが私の信念だ。仕事の上のスジである。

まさに己れを賭ける。

だがそれは単なる自分ではない。

できあがった瞬間、それは決定的に〝他〟になるからだ。

自分をひらくアイデアマンとやりたい。

スタッフは無名でもいいから
若く想像力豊かなのを集めたい。
これから自分をひらく
若いアイデアマンと協力してやっていきたいんだ。

底ぬけな明朗さ、平気な気分。それなしになんの生きがいか。

当時、関係者をはじめ、いわゆる有識者といわれるような人たちがひたすら気にかけたのは、世界に対して恥ずかしくない催しができるか、ということだった。

自分がなにをするか、なにをやりたいかということよりも、まず外国人に笑われないようにと心配する。

明治以来のコンプレックスだ。

これだけのことをやり遂げた今日、外からの評価、及第点をもらったからではなく、自分でよくやったという、自ずから自信が生まれてきているように見える。

文化においていちばん大事なのは、ありのまま充実して、ひらくことなのだ。

この万国博を機会に、日本人自身がそういう平気な、新しい人間像を発見するとしたら、一九七〇年はまさにエポックとなる。

それでこそ、万国博を開いた甲斐があるというものだ。


日本人はたいへん勤勉で真面目だ。

努力家であることでは定評がある。

が、いささか人間的ふくらみ、魅力に欠けることは否めない。

だからエコノミック・アニマルなどと、褒め言葉ではないあだ名をつけられたりするのだ。

私は万国博をきっかけに、日本人像のなかに豊かな幅を盛り込みたいと願った。

底ぬけな明朗さ、平気な気分。

それなしになんの生きがいか。

孤独で、太陽に向かい大地に向かい、挑みつづける。

あれがつくられたころは高度成長期の絶頂で、日本中が進歩、ＧＮＰに自信満々の時代だった。

そこへ万国博。

おそらく全体が進歩主義、モダニズム一色になることは眼に見えていた。

そこで私は逆に、時空を超えた、絶対感。

バカみたいに、ただどかんと突っ立った太陽の塔をつくったのだ。

現代の惰性への激しい挑みの象徴として。

人の眼を気にしない〝ベラボーなもの〟を打ち出すつもりで、はじめから評価などケトバしてつくった。

案の定、エリートぶった大人たちや、美術関係者などには反感を買い、悪口を言われたけれど、反対に無条件のピープルに喜ばれた。

万国博成功のひとつはあの塔にあると言われたくらい、人気者になった。

太陽の塔は永久保存と決まった。

ほとんどの施設が撤去され、あたりのざわめきが消えたいま、

あの平気で挑んだ姿勢と、その裏の、運命をやさしく抱えたデリカシーが、

一緒に浮かび出てくるようだ。

あれは孤独で、太陽に向かい、大地に向かって挑みつづけるだろう。

人間は太陽だった。
八方にケンランとひらき、いのちのよろこびに
あふれていた。
私はそのように根源の人間像をつねに夢みる。
でなければ何の生きがいか。
巨大な魅力にみちみちた人間像。
……幅広く、強烈に与える。
与えるために、ひたすら発揚するために、
人間は生きてきたのではないか。

結語

岡本太郎

ぼくの目の前にあるのは、いつでも「運命」――それに賭けることだけだった。

〝幾山河〟という言葉があるけれど、そんなふうに登ったり下ったり、左右するのではなく、ひたすら、明暗ともにまっすぐにスジをとおしてきた。

こう一直線だと、長い年月の時間も、空間も、瞬間にすっとんでしまい、いつも変わらない自分が、いまここにいる。

それだけが実感だ。

とかく浮き沈みがあり、苦労のあとが見えるのが人生の妙味であるように思われているが、そういうドラマは生命の隠れた奥底で、たくましく波打てばいいのだ。

むしろ、つらぬいて平気な姿、表情をうち出すことが豊かさ、貴重さではないか。

自分自身をふりかえって、ますますそう思う。

なぜこんなことを、あらためて強調するのかといえば、あたりを見るとき、いつも言いようのない憤りを感じるからだ。

時間と場所、その状況に応じて、言葉と行動がしょっちゅう移り変わり、辻褄をあわせていく。

そんな風潮。

反省してみたり、心を入れ替える。

そのじつは意識、無意識に時代の大勢をうかがい、迎合しているだけだ。

そういう体裁ばかりの群れが、許しがたく不潔に見える。

ところが世間では、そういうものの方がかえって正統で、道徳的であるように思っている。

誠実に自分の非をあらためたんだ、といって尊敬される。

逆に、シャニムニ自分をつらぬくものは安寧、秩序の敵である。

不遜、変わりもの、異端として、変な眼つきで見られてしまう。

こんな背骨のない風潮が幅をきかせているなら、ますますその流れ、波にさからってスジをとおし、つらぬいてやろうと決意した。

心はぜったいに入れ替えない。


あの戦後の出発のときから、現実は少しも進展していないような気がする。

新しい世界に転換することを予想し、期待したが、これからも相変わらず、抵抗は根強く、惰性はつづくだろう。

だが突き進むほかはない。希望と絶望はいつでも背中あわせ。

それが〝闘い〟なのだと骨身にしみる。

終戦の頃を思い出す。

家は焼け、過去のすべて、青春を注ぎ込んだ作品が消え失せた。

これにはさすが気を抜かれたが、逆にさっぱりもした。

まったくなにも無いところから生活と闘い、芸術的、人間的に主張をしなければならない。

全身がほてり、勇躍した。このむなしい土の上にこそ、と。

社会制度、権威は一変した。

軍国的な強権の理不尽な干渉がなくなった。

叩きのめされた日本、しかしいまこそ生活の上に新しい力がわきおこるチャンスだ。

芸術・文化がその先頭をきって進むべきだ、と思うのだが、逆にこの世界だけがひどく反動化していた。

オールド・リベラリスト、戦前の老大家がかえり咲いて、古い体制の鈍重なピラミッドを構成する。無気力に、淀んだ空気だった。

戦争前後、そして占領時代、日本は世界の流れからまったく遮断されていた。

文化に関してはまったく鎖国状態だった。

この惰性をひっくりかえして「現代」を生かさなければ、なにごともはじまらない。

ぼくは火の玉のように体当たりし、八方に憎まれ口をたたき、暴れだした。

生活は惨めだった。

しかし芸術は現代を超えるものだ。

世界のなかでひらき、革命的に展開しなければいけない。

芸術活動をはじめるにあたって、「石器時代は終った」と宣言したのもその信念からだ。

とうぜん否定された。

まったくのひとりぼっち。

こんなことで食っていけるとは、とうてい思えなかった。

しかし、食えないことを決意しないで生きていたってなんの意味があるか、と自分を追いつめた。

人間にもし生きる秘訣があるとすれば、自分自身をむしろ生きられない場所に追い込むことだ。

そうすれば新鮮に生きられる。


「岡本太郎」を主張しすぎるという点でも嫌われた。

論旨に賛成の人も、そこで誤解したり、敬遠してしまうのが多かった。

この国ではみなたいへん誠実に「だれかがやらなければいけない」とは言う。

しかし「自分がそうだ、オレがやる」と言ってはぶちこわし。

そういう態度は不遜であり、常識に反する。

だが、おかしいではないか。

だれかが、だれかがと言いあっていても悪循環だ。

永遠に事態は発展しない。

キレイごとであって、どこにも責任の所在がないからだ。

だからぼくは象徴的に、自分の名前で責任を負うことにした。

個人の功名心や野心ではない。むしろたいへん謙虚な意味なのだ。

ぼくが「岡本太郎」と言うのは、もっとも手近にあり、間違いなく責任を背負い込ませられる材料だからであり、この「私」には気の毒だが、あえて使っているのだ。

ぼくは思う。

人間の誇りは、だれでもがこのようにヒロイックに、そして明朗に、大きい責任を引き受けて進むところにあるのだと。

ぼくの場合、言葉と行動はいつでも一体であり、生活全体である。
いままでの歩みをふりかえって慄然とするが、ますます決意は固い。
これからもぼくはあらゆる形をとって抵抗しつづけるだろう。

（『原色の呪文』結語より抜粋）

出典一覧

書籍

『私の哲学』思想の科学研究会　１９５０
『青春ピカソ』岡本太郎　新潮社　１９５３
『問答有用―夢声対談集』朝日新聞社　１９５５
『日本再発見―芸術風土記』岡本太郎　新潮社　１９５８
『神秘日本』岡本太郎　中央公論社　１９６４
『今日をひらく―太陽との対話』岡本太郎　講談社　１９６７
『原色の呪文』岡本太郎　文芸春秋　１９６８
『日本文化の歴史１―大地と呪術』学習研究社　１９６９
『日本文化の歴史２―古墳と神々』学習研究社　１９６９
『デザインの思想』風土社　１９７１
『美の呪力』岡本太郎　新潮社　１９７１
『にらめっこ』岡本太郎　番町書房　１９７５
『にらめっこ問答』岡本太郎　集英社　１９８０
『人生は夢』岡本太郎　集英社　１９８１
『美の世界旅行』岡本太郎　新潮社　１９８２
『芸術は爆発だ！―岡本太郎痛快語録』岡本敏子　小学館　１９９９

雑誌／広報誌

「改造」１９４９／「草月」１９５２／「アトリエ」１９５５／「文藝春秋」１９５７／「増刊美術手帖」１９５７／「日本万国博vol.6」１９６７／「デザイン批評」１９６８／「三田評論」１９６９／「話の特集」１９６９／「万国博グラフ」１９７０／「週刊読売」１９７８／「Screen news」１９７８／「望星」１９７８／「自然療法」１９７９／「月刊段ボール」１９８０／「旅行アサヒ」１９８０／「婦人公論」１９６５、１９８４／「ニューハウス」１９８５／「目で見る経済」１９８５／「め」１９８６／「ゴルフクラシック」１９８８／「カレント21」１９９０

新聞

朝日新聞／読売新聞／産経新聞／日本経済新聞／神奈川新聞／中国新聞／徳島新聞／大阪新聞

放送／講演

「限りなき青春論」ＮＨＫラジオ（放送日不明）
「（講演タイトル不明）」１９７１・９東京
「芸術と人生」１９８２・７那覇

主な書籍

- 青春ピカソ／新潮社 1953
- 今日の芸術／光文社 1954
- 日本の伝統／光文社 1956
- 芸術と青春／河出書房 1956
- 日本再発見―芸術風土記／新潮社 1958
- 沖縄文化論―忘れられた日本／中央公論社 1961
- 私の現代芸術／新潮社 1963
- 神秘日本／中央公論社 1964
- 今日をひらく―太陽との対話／講談社 1967
- 日本列島文化論／大光社 1970
- 世界の仮面と神像／朝日新聞社 1970
- 美の呪力―わが世界美術史／新潮社 1971
- 挑戦するスキー／講談社 1977
- 岡本太郎／平凡社 1979
- 岡本太郎著作集（全9巻）／講談社 1980
- 遊ぶ字／日本学芸出版社 1981
- 美の世界旅行／新潮社 1982
- 自分の中に毒を持て／青春出版社 1988
- 母の手紙／チクマ秀版社 1993
- 一平 かの子／チクマ秀版社 1995
- 呪術誕生（岡本太郎の本1）／みすず書房 1998

・日本の伝統（岡本太郎の本2）／みすず書房 1999
・神秘日本（岡本太郎の本3）／みすず書房 1999
・わが世界美術史（岡本太郎の本4）／みすず書房 1999
・宇宙を翔ぶ眼（岡本太郎の本5）／みすず書房 2000
・リリカルな自画像／みすず書房 2001
・疾走する自画像／みすず書房 2001
・強く生きる言葉／イースト・プレス 2003
・壁を破る言葉／イースト・プレス 2005
・愛する言葉／イースト・プレス 2006
・人間は瞬間瞬間に、いのちを捨てるために生きている／イースト・プレス 2007
・ピカソ講義／筑摩書房 2009
・対極と爆発（岡本太郎の宇宙1）／筑摩書房 2011
・太郎誕生（岡本太郎の宇宙2）／筑摩書房 2011
・伝統との対決（岡本太郎の宇宙3）／筑摩書房 2011
・日本の最深部へ（岡本太郎の宇宙4）／筑摩書房 2011
・世界美術への道（岡本太郎の宇宙5）／筑摩書房 2011
・太郎写真曼荼羅（岡本太郎の宇宙 別巻）／筑摩書房 2011
・自分の運命に盾を突け／青春出版社 2014
・原色の呪文／講談社 2016
・孤独がきみを強くする／興陽館 2016
・自分の中に孤独を抱け／青春出版社 2017
・岡本太郎の眼／KADOKAWA 2020
・強くなる本／興陽館 2022

きみは自由《じゆう》に生《い》きているか

二〇二四年五月十五日　初版第一刷発行

著　者　岡本《おかもと》太郎《たろう》
プロデュース・構成　平野《ひらの》暁臣《あきおみ》

発行者　笹田大治
発行所　株式会社興陽館
〒一一三-〇〇二四　東京都文京区西片一-一七-八　KSビル
TEL　〇三-五八四〇-七八二〇　FAX　〇三-五八四〇-七九五四
URL https://www.koyokan.co.jp

装　丁　上坊菜々子
編集補助　飯島和歌子
編集人　本田道生

印　刷　恵友印刷株式会社
DTP　有限会社天龍社
製　本　ナショナル製本協同組合

ISBN978-4-87723-324-2 C0095

弱さは強さになる。自分を選べ！

岡本太郎からの強烈なメッセージ。

『強くなる本』

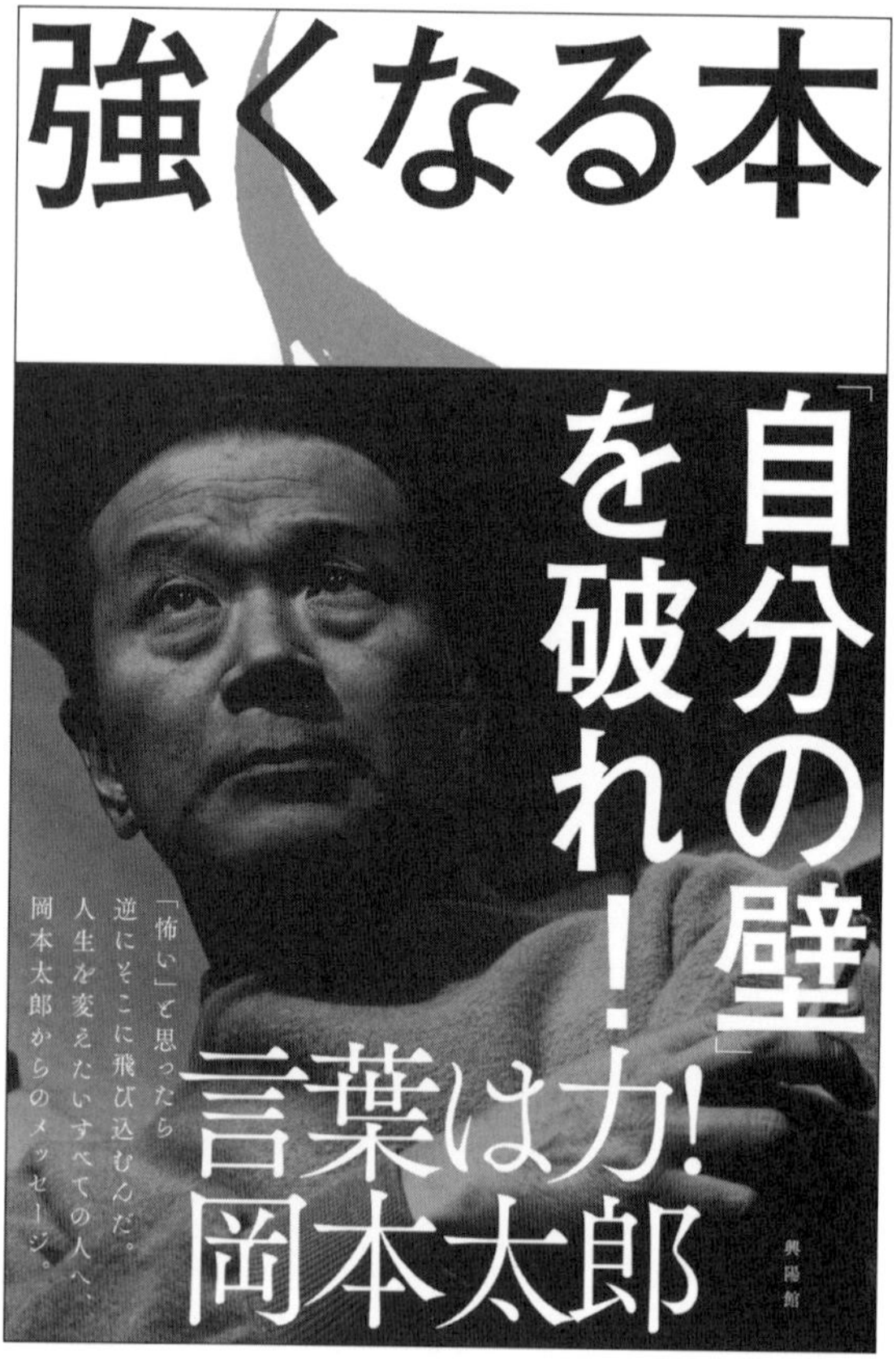

岡本太郎

本体1.000円＋税

ISBN978-4-87723-293-1 C0095

誤解されるほど人は強くなる。他人の眼を気にする必要なんてない。やりたいことをやる。それできみは強くなる。

自分の壁を破り、一歩前へすすむ力をつける岡本太郎、珠玉の言葉の数々。

プロデュース・構成／岡本太郎記念館館長　平野暁臣。

群れるな。孤独を選べ。

不安や葛藤に向きあうきみに贈る岡本太郎の生き方論。

『孤独がきみを強くする』

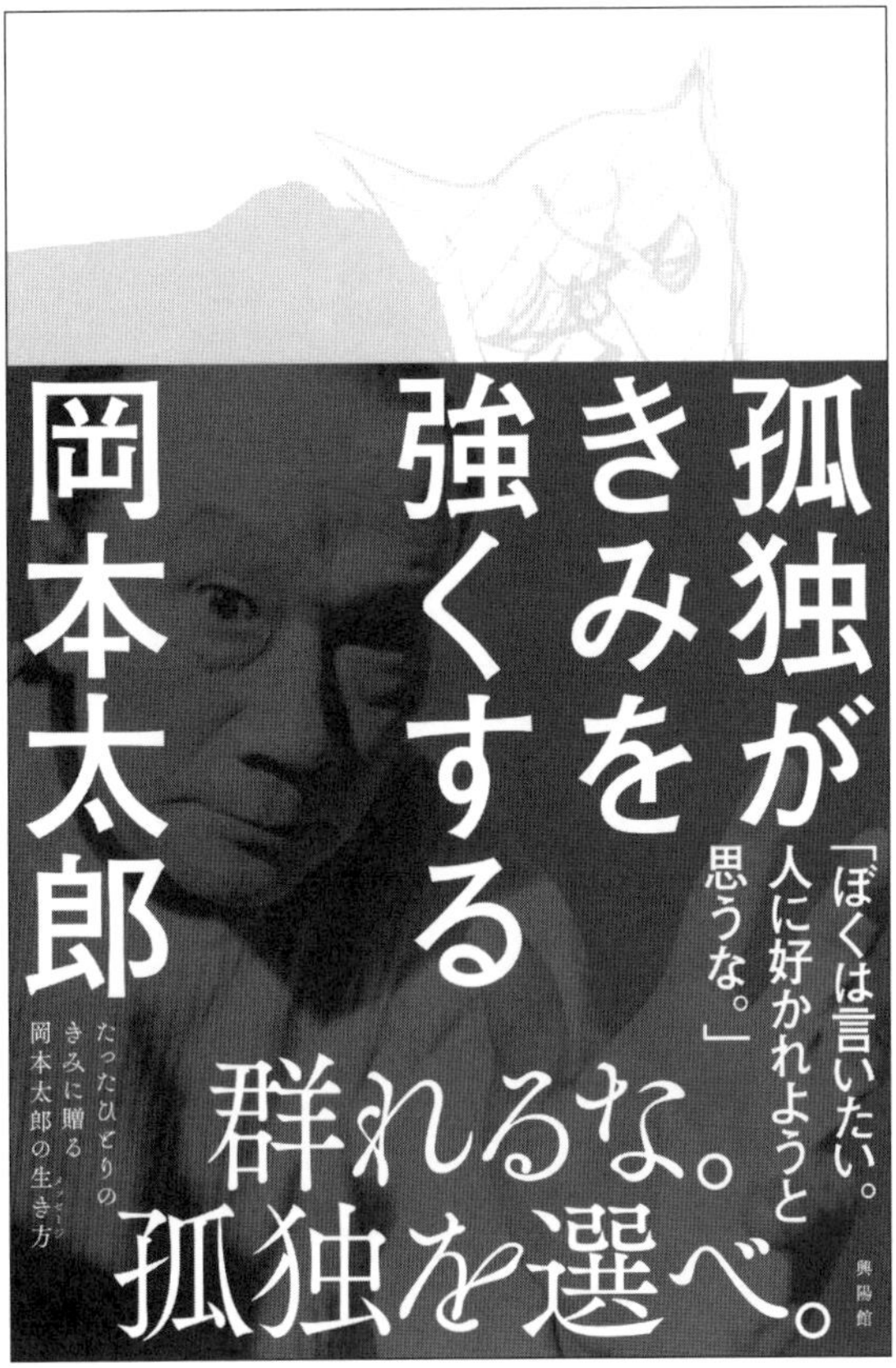

岡本太郎

本体1,000円＋税

ISBN 978-4-87723-195-8 C0095

孤独はただの寂しさじゃない。孤独こそ人間が強烈に生きるバネだ。生きることは寂しい。だからおもしろい。

岡本太郎の言葉は激しく厳しい。しかし、だからこそ優しく心に響く。彼のメッセージはページを開くたび、読む人を勇気づける。

プロデュース・構成／岡本太郎記念館館長　平野暁臣。

岡本太郎の芸術と生き方すべてがわかる。
岡本芸術のビジュアル版ガイドブック、ついに登場!

『入門! 岡本太郎』

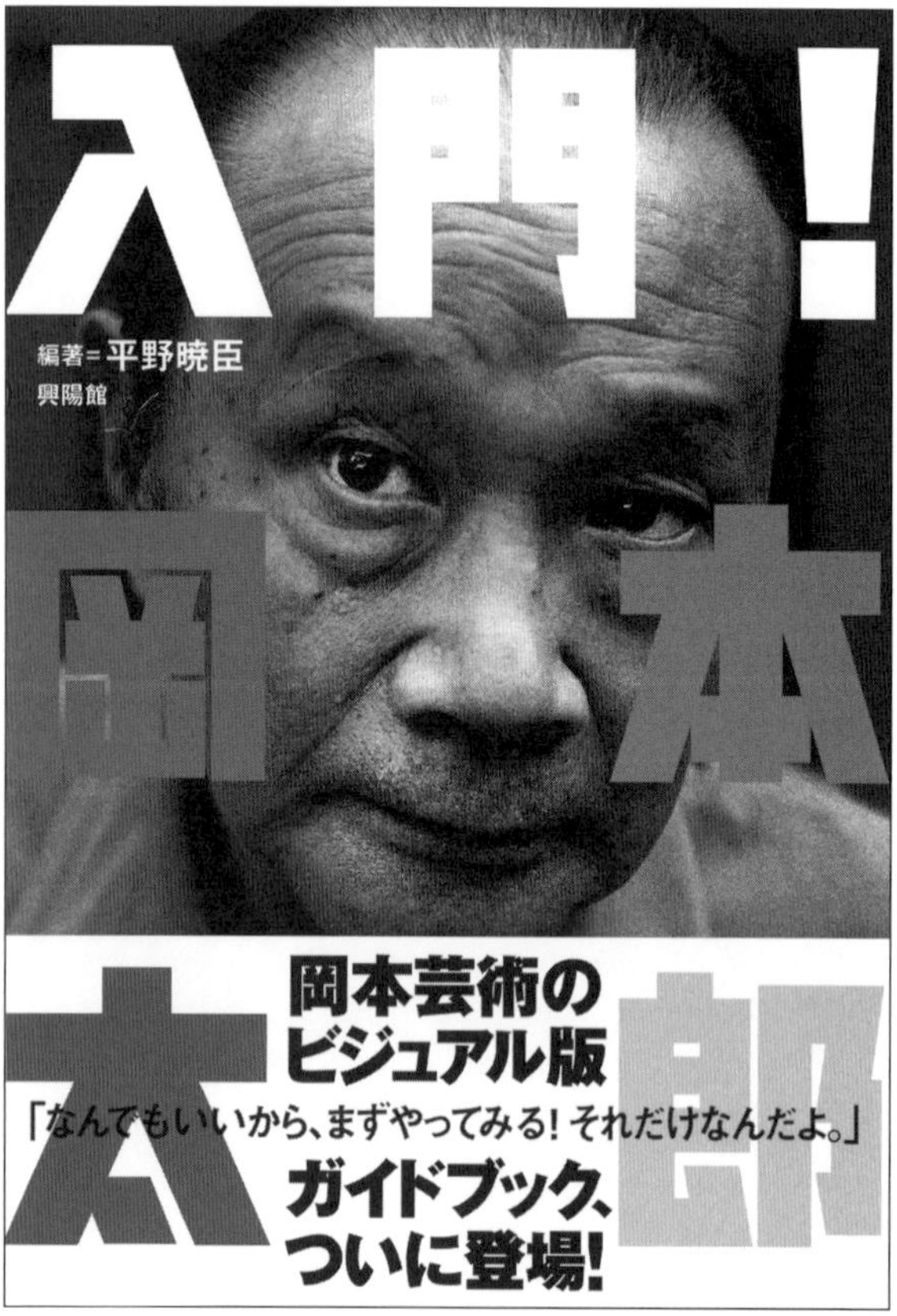

編著／平野暁臣

本体1,200円＋税
ISBN978-4-87723-283-2 C0070

『太陽の塔』『明日の神話』などで知られる岡本芸術のすべてがこの一冊に。
これから岡本太郎の作品に触れようと思う人へのまさに入門編！
いま、ここから広大深遠な岡本芸術の世界が始まる。
代表作品、主要作品、多数収録。オールカラー！

岡本太郎最高傑作『明日の神話』決定本！
数奇な運命を辿る巨大壁画の運命。

『岡本太郎はなにをのこしたのか
明日の神話　1967-2023』

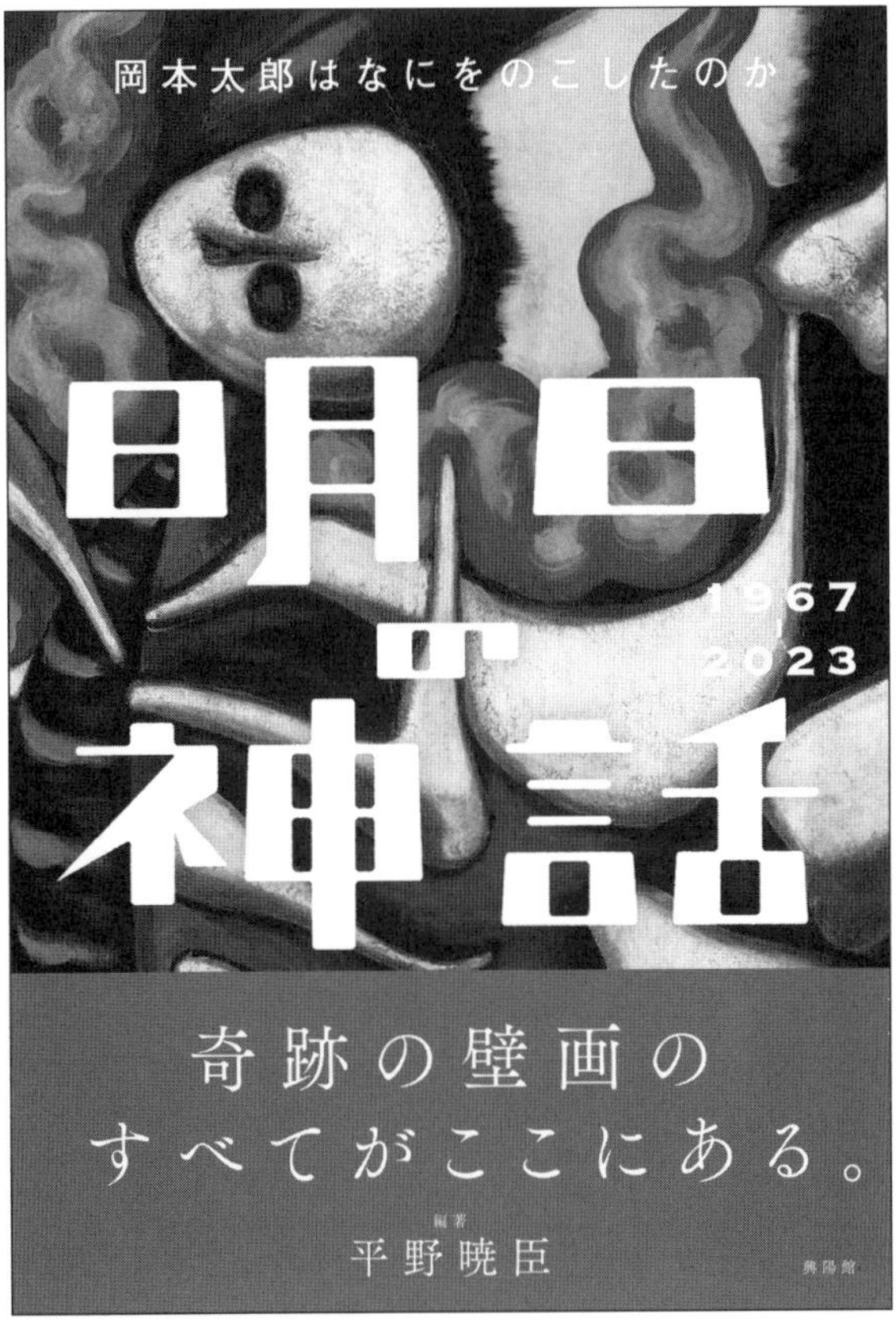

編著／平野暁臣

本体1,800円+税

ISBN 978-4-87723-317-4 C0095

2003年秋、長らく行方がわからなくなっていた岡本太郎の巨大壁画『明日の神話』がメキシコシティ郊外で発見された。『太陽の塔』と同時期に制作され、“塔と対をなす”ともいわれるこの作品は、岡本太郎の最高傑作のひとつでもある。半世紀にわたる数奇な運命を、詳細な記録・写真とともにビジュアルで解説。

TARO